TRAUMPFAD MÜNCHEN-VENEDIG

Eva-Maria Troidl, Stefan Lenz,
Ludwig Graßler

Mit Tourenkarten zum Heraustrennen

BRUCKMANN

Die Autoren
Stefan Lenz und Eva-Maria Troidl, beide 1965 im Fränkischen geboren, studierten Physik bzw. Biologie. Seit vielen Jahren leben und arbeiten sie in München. Ihre Freizeit verbringen sie am liebsten zu Fuß oder mit dem Fahrrad in der Natur. Seit ihrer ersten Alpenüberquerung von München nach Venedig im Jahr 2000 sind sie der Faszination des Traumpfades erlegen.
Ludwig Graßler wurde 1925 in Amberg geboren und lebt in Wolfratshausen. Vor über 30 Jahren hatte er die Idee für eine ungewöhnliche Nord-Süd-Überquerung der Alpen – und arbeitete sie aus. Der Erfolgsband »Zu Fuß über die Alpen« wird seitdem immer wieder neu aufgelegt – und nun durch einen praktischen Wanderführer ergänzt.

Ein kostenloses Gesamtverzeichnis erhalten Sie beim
Bruckmann Verlag
D-81664 München
www.bruckmann.de
www.bergsteiger.de

Lektorat: Solveig Michelsen/Kerstin Müller
Layout: Der Buch*macher*, Arthur Lenner
Kartografie: Tourenkarten Anneli Nau; Übersichtskarte Christian Rolle
Höhenprofil Eckehard Radehose
Herstellung: Thomas Fischer

Alle Angaben dieses Werkes wurden von den Autoren sorgfältig recherchiert und auf den aktuellen Stand gebracht sowie vom Verlag geprüft. Für die Richtigkeit der Angaben kann jedoch keine Haftung übernommen werden. Für Hinweise und Anregungen sind wir jederzeit dankbar. Bitte richten Sie diese an:
Bruckmann Verlag
Lektorat
Innsbrucker Ring 15
D-81673 München
E-Mail: lektorat@bruckmann.de

Kontakt Ludwig Graßler: Tel. 08171/7942
Kontakt Eva-Maria Troidl und Stefan Lenz über www.muenchenvenedig.de

Motiv Umschlagvorderseite: Wegweiser am Panoramaweg zwischen Col Visentin und Pian de le Femene

Bildnachweis: Alle Fotos auf dem Umschlag und im Innenteil von Ludwig Graßler

Die Deutsche Bibliothek – CIP Einheitsaufnahme
Ein Titeldatensatz für diese Publikation ist bei der Deutschen Bibliothek erhältlich.

aktualisierte Neuausgabe

Printed in Italy by Printer Trento
ISBN 3-7654-3994-0

PIKTOGRAMME ERLEICHTERN DEN ÜBERBLICK:

Schwierigkeitsgrad:
- leicht
- mittel
- anspruchsvoll

- Weglänge
- Gehzeit
- Höhenunterschied

ZEICHENERKLÄRUNG ZU DEN TOURENKARTEN

- A4 9 Autobahn
- 40 Hauptstraße
- Landstraße
- Nebenstraße/Ortsstraße
- Fahrwege
- Forstweg
- Fußpfad
- Bahnlinie mit Bahnhof
- A E Tourenführung mit Anfangs- und Endpunkt
- Tourenvariante
- München Sehenswerter Ort/Stadt
- Gipfel
- Pass
- Quelle/Wasserfall
- P Parkmöglichkeit
- H Bushaltestelle / Bus
- Bahnhof / Zug
- E A Anfangs-/Endpunkt
- Richtungspfeil
- 10 Touren-Nr.
- Seilbahn
- Fernwanderweg

- Aussicht
- Einkehr/Hütte
- Kirche/Kloster
- Turm
- Museum
- Therme
- Denkmal
- Schloss/Burg/Ruine
- Höhle/Grotte
- Prähistorische Fundstelle
- Strand
- Camping
- Rastplatz
- Information
- Bildstock
- Markanter Baum
- Landschaftlicher Höhepunkt/ Sehenswert
- Mühle
- Flughafen
- Tunnel
- Randhinweispfeil
- N 0 1 km Maßstableiste (1 : 100 000)

INHALT

Vorwort

Liebe Berg- und Wanderfreunde!

Im Sommer 1976, also vor genau 30 Jahren, brütete ich über dem ersten Wanderführer München–Venedig und plagte mich mit dem Tuschestift, um all die Tagesetappen aufs Papier zu bannen. Nun freue ich mich natürlich, dass Dank Ihres Interesses der »Traumpfad« ein Dauerläufer geworden ist. Meinem Freund Stefan und seiner Frau Eva-Maria danke ich herzlich für die Aktualisierung dieser Neuauflage und für die einschlägigen Veröffentlichungen im Internet.
Nachdem die Wanderung von München nach Prag in der Reihe Wandern kompakt ebenfalls neu erschienen ist, plane ich einen Wanderpass zu erstellen, der die Gesamtstrecke Prag–München–Venedig umfasst. Wer darin mit Stempeln nachweist, dass er diese gesamte Strecke gemeistert hat, erhält zukünftig das Traumpfad-Trikot. Gelegenheit für die Ausgabe der Stempelpässe sowie für die Vergabe der Trikots besteht während der regelmäßig in München stattfindenden Treffen: 8. 8., 8 Uhr, Marienplatz; 8. 11., 17 Uhr, Hofbräuhaus und 8. 5., 8 Uhr, Marienplatz.
Ich wünsche frohe und unvergessliche Erlebnisse und immer eine gesunde Heimkehr.

Wolfratshausen, Sommer 2006 Ihr und Euer *Ludwig Graßler*

Einführung

Warum zu Fuß von München nach Venedig?

Der Gedanke, über die Alpen zu wandern, ist sicher jedem Bergwanderer schon einmal durch den Kopf gegangen. Normalerweise fährt man mit Auto, Bahn oder Bus in ein Tourengebiet, macht dort einige Wanderungen und fährt wieder nach Hause. So schön der Ausflug auch war – man fragt sich immer, wie es wohl hinter dem nächsten Tal und hinter der nächsten Bergkette aussehen mag. Neugier erwacht. Sicher weiß man, dass hinter den Bergen letztendlich das Meer liegt, aber im Grunde bleibt diese Tatsache unbegreiflich, selbst wenn man die Strecke schon einige Male mit dem Auto abgefahren ist. Wirklich erleben kann man eine Landschaft nur zu Fuß.

Bad Tölz im Isartal

Das Naturerlebnis ist aber nur ein Aspekt des Traumpfads. Er ist auch ein Abenteuer der besonderen Art, vor allem, wenn man ihn in einem Stück geht. Wer hat nicht schon einmal davon geträumt, eines Tages mit dem Rucksack auf den Schultern das Haus zu verlassen, einem Ziel entgegenzuwandern und den Alltagsstress hinter sich zu lassen? Ohne das Tempo moderner Transportmittel ist man diesem Reiseerlebnis viel stärker ausgesetzt. Wer mit dem Auto unterwegs ist, kann schnell noch zum nächsten Ort weiterfahren, wenn ihm das Zimmer im Gasthof nicht gefällt. Der Wanderer hingegen übernachtet dort, wo ihn die Tagesetappe hinführt. Und er freut sich nach sieben Stunden Fußmarsch über die einfache Mahlzeit auf der Berghütte mehr als der Daheimgebliebene über das Menü im Fünf-Sterne-Restaurant.

Auch sportlich ist dieser Fußweg eine Herausforderung. Zwar erfordert keine der Touren alpinistische Höchstleistung, aber 28 Tage am Stück zu wandern, kostet mehr Kraft, Kondition und Willensstärke, als man am Anfang denkt. Den sportlichen Bergsteiger lockt zudem noch der eine oder andere interessante Gipfel am Weg. Übrigens sollte sich der mit Goretex-Jacke und Leichtrucksack gerüstete Bergsteiger des 21. Jhs. auf seine sportlichen Leistungen im Gebirge nicht allzu viel einbilden: Wer die Reiseerinnerungen Adolf Kolpings liest, wird mit Überraschung feststellen, dass er auf seinem Weg nach Venedig im Sommer 1841 manchmal zwei unserer Tagesetappen an einem Tag gegangen ist.

Wegverlauf

Es gibt viele Routen über die Alpen. Neben den europäischen Fernwanderwegen existieren auch die klassischen Alpenübergänge, zum Beispiel über den Brenner, der die schnellste Reise in den Süden möglich macht und deswegen heute mit Landstraße und Autobahn verbaut ist. Der besondere Reiz unseres Fußwegs von München nach Venedig liegt darin, dass er an vielen der schönsten Stellen der Ostalpen vorbeiführt. Viele Wanderer werden die eine oder andere Gegend schon besucht haben. Sechs verschiedene Regionen durchqueren wir auf unserem Weg. Jede hat ihren eigenen Charakter, landschaftlich wie kulturell.

Ausklang der Alpen: Col Visentin, 1763 m

Voralpenland

Die Attraktivität der Großstadt München rührt nicht zuletzt von ihrer Lage im Voralpenland, das zu den beliebtesten Urlaubsregionen in Deutschland zählt. Diese liebliche Landschaft wird geprägt von Flusstälern und Auen, Seen und breiten Moränenhügeln. Durch die Städte Wolfratshausen und Bad Tölz gelangen wir an der Isar entlang zur Benediktenwand. Dieser erste Alpengipfel auf unserem Weg stimmt uns darauf ein, dass wir tags darauf mit dem Karwendel den ersten Hochgebirgszug durchqueren.

Karwendel

Das Rißtal war schon seit jeher ein wichtiger Zugangsweg zu den Talkesseln der Ahornböden und der Eng und weiter in die Bergwildnis des Karwendels. Hier, am kleinen Ahornboden, über den wir zum Karwendelhaus aufsteigen, hat man auch dem Erschließer des Karwendels, Hermann von Barth, ein Denkmal gesetzt. Nach der Überschreitung des höchsten Karwendelgipfels, der Birkkarspitze, erreichen wir die Wasserscheide zwischen Isar und Inn und schließlich das Inntal mit seinen alten Städten Innsbruck, Hall und Wattens. Bereits im Mittelalter war Tirol auch durch den Handel über die Alpen reich und mächtig. Nicht zufällig liegt die Hauptstadt Innsbruck gerade am Zugang zum Brenner, also an der Stelle, wo die östlichen Zentralalpen am leichtesten zu überwinden sind.

Zentralalpen

Während nördlich des Inns verwitterte Gipfelaufbauten aus Kalk das Bild prägen, wandert man südlich des Inntals in einer Welt aus Urgestein mit Gletschern und schneebedeckten Gipfeln. Obwohl der Alpenhauptkamm heute die Staatsgrenze zwischen Italien und Österreich ist, bemerken wir das beim Grenzübertritt am Pfitscherjoch kaum. Kulturell gab es hier niemals eine Grenze. Das deutschsprachige Tirol erstreckt sich über das Pustertal, in das wir bald absteigen werden, bis nach Brixen und Bozen.

Nördliche Dolomiten

Nach dem Pustertal ändert sich erneut die Landschaft. Der Traumpfad quert die Wälder und Almwiesen um Lüsen und strebt mit dem Peitlerkofel dem ersten großen Dolomitengipfel zu. Gleichzeitig betreten wir den ladinischen Kulturraum. Das Ladinische, das mit dem Rätromanischen verwandt ist, hat hier in den abgeschiedenen Tälern überlebt. Der zerklüftete, über 3000 Meter hohe Gebirgsstock der Sella und der eisbedeckte Gipfel der Marmolada sind die Wahrzeichen der nördlichen Dolomiten. In ihrem Schatten liegt der Fedaiasee. Von hier steigen wir ab zum

Am Weg zur Puezhütte, Blick zum Langkofel, 3181 m

Alleghesee, der erneut eine Änderung in Vegetation und Landschaft markiert.

Ausblick vom Aufstieg zum Piz Boè, 3152 m

Südliche Dolomiten

Das wärmere Klima und der mediterrane Einfluss werden in der Bergwelt von Civetta und Moiazza spürbar. Einige Teile der südlichen Dolomiten waren während der Eiszeit nicht vergletschert, weswegen sich hier eine besonders artenreiche Vegetation erhalten hat. Anders als auf der Nordseite der Alpen endet das Gebirge hier im Süden abrupt. Mit dem Abstieg von der 2600 Meter hohen Schiara in die Bischofsstadt Belluno haben wir die Alpen verlassen.

Italienisches Voralpenland und Piave-Ebene

Ein einziger Höhenzug trennt uns in Belluno noch von der Ebene. Bei der Überschreitung des Nevegal haben wir noch einmal einen Aufstieg zu bewältigen, um danach durch die Obstgärten und Weinberge des Hügellands in die Ebene hinauszuwandern. Seit der Antike wird diese dicht besiedelte Kulturlandschaft intensiv bewirtschaftet und vom Menschen geformt. Trotzdem zeigt der Piave, der – wie im Norden die Isar – die Landschaft entlang unseres Weges bestimmt, noch seinen Charakter als Gebirgsfluss. Erst in der Nähe des Meeres wird er langsam und träge. Die Lagune ist erreicht. In ihrem Schutz ist Venedig zu einer Großmacht herangewachsen und hat Jahrhunderte lang das Geschick Italiens und Europas mitbestimmt. Die Bauten und Kunstwerke in dieser herrlichen Stadt zeugen noch heute von einer glanzvollen Vergangenheit.

Varianten

Sicher gibt es nicht »den« Weg über die Alpen. Varianten und Alternativen findet man immer. Die in diesem Buch beschriebene Route hält sich weitgehend an den im Jahr 1977 von Ludwig Graßler erstmals vorgestellten Wegverlauf. Kleine Änderungen dienen dazu, den Traumpfad begehbarer und interessanter zu machen. Außerdem werden einige Wegalternativen beschrieben, die in der neuesten Auflage des Buches »Zu Fuß über die Alpen« aus Platzgründen entfallen mußten. Die Autoren hoffen, mit ihrer Wegauswahl eine optimale Route für die Mehrheit der München-Venedig-Wanderer gefunden zu haben.

Etappeneinteilung und Reisezeit

Dieser Wanderführer behält die Etappeneinteilung der Originalroute bei. Die 520 Kilometer des Traumpfads werden in 28 Tagesetappen bewältigt. Damit ist es möglich, die Wanderung – inklusive je einen Tag für Anreise und Abreise – in vier Wochen Jahresurlaub unterzubringen. In der Praxis werden jedoch fünf Wochen für eine Komplettbegehung ideal sein. Auf diese Weise hat man Zeit für Ruhetage auf dem Weg und für einen Aufenthalt in Venedig.

Da viele Hütten in den Dolomiten bereits Mitte September schließen, ist für Komplettbegeher ein Aufbruch spätestens bis Mitte August erforderlich. Anfang September werden in Italien auch vielerorts Busverbindungen eingestellt, Seilbahnen nicht mehr betrieben und Einkehrmöglichkeiten in den Fremdenverkehrsorten geschlossen. Es ist auch nicht sinnvoll, vor Mitte Juli aufzubrechen, da hoch gelegene Pässe und Übergänge möglicherweise noch mit Schnee und Eis bedeckt sind. Günstig ist also ein Start in der letzen Juliwoche oder den ersten beiden Augustwochen. Die nichtalpinen Teilstrecken von München an den Alpenrand und von Belluno bis Venedig können natürlich auch im Frühjahr und im Herbst bis Ende Oktober begangen werden.

Das Langtal bei Wolkenstein

Puristen und Pragmatiker

Zwei Sorten von Menschen machen sich auf den Weg

Tipp

Wer nicht die Zeit hat, die Wanderung in einem Stück zu gehen, kann sie zum Beispiel folgendermaßen aufteilen:

Voralpenland: München – Jachenau (3 1/2 Wandertage)
Karwendel: Jachenau – Inntal (3 1/2 Wandertage)
Zentralalpen: Inntal – Pustertal (5 Wandertage)
Nördliche Dolomiten: Pustertal – Alleghe (6 Wandertage)
Südliche Dolomiten: Alleghe – Belluno (5 Wandertage)
Italienische Voralpen: Belluno – Venedig (5 Wandertage)

von München nach Venedig: Die Puristen wollen die ganze Strecke zu Fuß gehen. Hilfsmittel wie Bus oder Seilbahn sind verpönt, sämtliche Auf- und Abstiege des Traumpfads über insgesamt 20 000 Höhenmeter werden voll ausgekostet. Die Pragmatiker laufen, so weit es geht. Aber da, wo der Wanderspaß vielleicht durch die Umstände getrübt ist oder die körperlichen Belastungen zu groß werden, nehmen sie auch einmal eine Busstrecke und eine Seilbahnfahrt gerne in Anspruch. Ihnen kommt es nicht darauf an, wirklich jeden Meter zu Fuß absolviert zu haben.

Wir versuchen, in diesem Buch beiden Gruppen etwas anzubieten. Der beschriebene Hauptweg von München über Wattens im Inntal, die Lüsener Alm und die Schiara bis nach Venedig ist ohne jedes Hilfsmittel zu erwandern. Er vermeidet die mittlerweile viel befahrenen Haupttäler und großen Orte so gut es eben geht. Selbst in den dicht besiedelten Gegenden wurde auf angenehme Wege geachtet. Allerdings ist an der einen oder anderen Stelle ein »Hatscher«, ein kräftezehrender Aufstieg oder ein kniemordender Abstieg nicht zu vermeiden. Für die Pragmatiker unter den Lesern sind an den entsprechenden Stellen Alternativen angegeben. So kann man seine Kräfte schonen und hat mehr Zeit für den Wander- und Naturgenuss.

Körperliche Voraussetzungen, Vorbereitung und alpines Können

Die meisten Touren sind technisch einfache, aber lange Bergwanderungen. Gehzeiten von sieben Stunden sind die Regel, Auf- und Abstiege von 1000 Höhenmetern normal. Touren dieser Größenordnung mit mindestens zehn Kilogramm Gepäck auf dem Rücken sollten den zukünftigen Traumpfadgeher nicht an die Leistungsgrenze führen. Da man dieser Belastung 28 Tage lang täglich ausgesetzt ist, darf man sich durch die Einzeletappen

Tuxer Alpen: Junssee, Gschützspitz-Sattel, Gefr. Wand und Olperer

nicht schon komplett verausgaben. Zur Vorbereitung empfiehlt es sich, an mindestens einem Tourenwochenende mit vollem Gepäck auszuprobieren, wie der Körper auf die Belastung reagiert.

Wanderer, die keine Leistungssportler sind, sollten wenigstens zwei bis drei Ruhetage einplanen. Es ist ratsam, bereits nach dem zweiten Wandertag einen Ruhetag einzulegen, um dem Körper die Gelegenheit zu geben, sich nach der ungewohnten Belastung zu regenerieren. Danach sind Ruhetage einmal pro Woche sinnvoll. Für Erholungspausen entlang des Weges bieten sich Bad Tölz, das Inntal mit seinen Städten Wattens, Hall oder Innsbruck sowie später Brixen, Lüsen, Alleghe und Belluno an.

Gute allgemeine Gesundheit vorausgesetzt, kann der Traumpfad auch von älteren Menschen begangen werden. Eventuell sind zusätzliche Ruhetage einzuplanen. Einige der längeren Touren können in zwei Etappen geteilt werden. Auf diese Möglichkeit weisen wir im Text jeweils hin. Für Kinder ist der Traumpfad nur bedingt geeignet. Die langen Wandertage ohne Einkehrmöglichkeit beanspruchen jüngere Kinder zu stark. Langeweile kann sich einstellen, wenn an vielen Tagen hintereinander »nur« gewandert wird.

Trittsicherheit und Schwindelfreiheit ist bei manchen der alpinen Etappen erforderlich. Klettererfahrung oder Eistechnik werden nirgends benötigt, Bergerfahrung jedoch schon. Viele der Wanderungen führen durch wenig begangene Gebiete und auf große Höhen. Auf alpine Gefahren wie Wetterstürze, Vereisung auch im Sommer und Orientierungsprobleme muss der Wanderer vorbereitet sein. Wer bisher keine Bergtouren in den Alpen gemacht hat, aber ansonsten gut zu Fuß ist, kann den Traumpfad gehen, sollte sich aber zum Beispiel mit einem geführten Tourenwochen-

ende im Hochgebirge auf die Verhältnisse vorbereiten. Entsprechende Angebote machen die örtlichen Alpenvereinssektionen.
Besondere Vorkehrungen sind nur für den Schiara-Klettersteig (Etappe 22) zu treffen. Wer noch nie einen langen, drahtseilversicherten Steig gegangen und mit der Sicherheitsausrüstung nicht vertraut ist, die für solche Steige benötigt wird, sollte einen entsprechenden Kurs ins Auge fassen. Ohne diese Ausrüstung (Helm, Brust- und Sitzgurt sowie ein Klettersteigset) und ohne eine gründliche Schulung im Umgang damit ist die Begehung sträflicher Leichtsinn. Ein Wettersturz im schwierigen Gelände und ein kleiner Ausrutscher reichen aus, um den Traumpfad zum Alptraum werden zu lassen. Wer sich nicht sicher ist, wählt die beschriebene Abstiegsvariante.
Die Schwierigkeitsstufen in diesem Buch sollen dem Wanderer einen groben Anhaltspunkt geben, womit er auf der Tour zu rechnen hat. Wege mit Höhenunterschieden unter 800 Metern werden als »leicht« eingestuft. Höhenunterschiede zwischen 800 Metern und 1200 Metern führen zur Bewertung »mittel«. Touren mit mehr als 1200 Metern werden als »anspruchsvoll« bezeichnet. Besondere Schwierigkeiten, wie zum Beispiel ein sehr langer Abstieg, ausgesetzte Stellen oder schlechte Wege, erhöhen den Schwierigkeitsgrad um eine Stufe. Hinweis: Ein Höhenprofil der gesamten Strecke finden Sie in der Umschlaginnenseite hinten.

Der Sellastock, vom Cirjoch aus gesehen

Der Traumpfad ist leider kein europäischer Fernwanderweg und wird auch nicht wie die österreichischen und italienischen Höhenwege offiziell unterstützt. Deswegen ist er nicht durchgehend markiert. An einigen Stellen sind Orientierungssinn und gute Karten nötig, da einsame und selten begangene Wege benutzt werden, um die Wanderer abseits vom Straßenverkehr zum Ziel zu bringen.

Alpenvereinsmitgliedschaft

Die Mitgliedschaft in einer Alpenvereinssektion oder bei einer Organisation wie den Naturfreunden, mit denen der Alpenverein ein Gegenrechtsabkommen hat, ist für den Venediggeher von Vorteil. Bei der Übernachtung in Alpenvereinshütten erhält man als Mitglied erhebliche Vergünstigungen. Außerdem sind Reservierungen von Nichtmitgliedern in vielen Hütten des deutschen und des österreichischen Alpenvereins unzulässig. Wer den Weg von München nach Venedig in einem Stück geht, spart durch die Mitgliedschaft mehr, als ihn der Jahresbeitrag kostet. Ein weiterer Grund ist die im Beitrag enthaltene Versicherung. Eine Bergung per Helikopter, die nach einem Unfall nötig werden kann, ist ein sehr teurer Spaß. Die Kosten dafür hat ein Bergwanderer, der nicht entsprechend versichert ist, selbst zu tragen. Nicht zuletzt ist die Mitgliedschaft auch eine Unterstützung für die Arbeit der Alpenvereinssektionen. Viele unserer Wege werden von Ehrenamtlichen in ihrer Freizeit gepflegt und markiert.

Alleghe, darüber die Civetta, 3216 m

Übernachtungsmöglichkeiten und Kosten

Etwa die Hälfte der Übernachtungen fallen auf Berghütten. Für Alpenvereinsmitglieder liegt dort der Nächtigungspreis in der Regel bei unter zehn Euro, eine einfache warme Mahlzeit ist für acht Euro zu bekommen und ein Liter Teewasser wird für etwa

Tipp

Vor allem Komplettbegeher sollten auf das **Gewicht des Rucksacks** achten. Ohne Verpflegung und Getränke sollte der Rucksack bei Männern ein Gewicht von zwölf Kilogramm nicht überschreiten. Mit einem Liter Flüssigkeit und etwas Verpflegung bleibt man gerade unter 15 Kilogramm – für die meisten Wanderer bei Dauerbelastung die Schmerzgrenze. Frauen sollten zwei Kilogramm weniger vorsehen.

zwei Euro ausgegeben. Nichtmitglieder zahlen schon für eine Übernachtung mindestens das Doppelte und erhalten weder das verbilligte Bergsteigeressen noch das Teewasser. Der Schlafplatz ist in der Regel ein Matratzenlager in einem mehr oder minder großen Gemeinschaftsraum. Ein Hüttenschlafsack aus dünnem Stoff ist Pflicht und macht die Sache auch etwas hygienischer, denn die schweren Wolldecken sind schon von vielen anderen Bergsteigern benutzt worden. Der erfahrene Hüttenbesucher hat zum Schutz gegen nächtliche Schnarcher Ohrstöpsel dabei. Eine kleine Taschenlampe hilft zur Wegfindung bei nächtlichen Geschäften.

Die restliche Zeit schlafen wir in Gasthäusern oder Hotels. Hier sind die Preise sehr unterschiedlich. Manche Gasthäuser in alpinen Regionen, wie zum Beispiel die Dominikushütte, bieten Lager an. Die Preise sind dann in etwa mit den Tarifen für Nichtmitglieder auf AV-Hütten vergleichbar. An viel besuchten Orten wie dem Grödnerjoch, wo nur wenige Übernachtungsmöglichkeiten existieren, kann die Unterkunft jedoch sehr viel teurer werden.

Wer bequem reisen will, Bus und Seilbahn nutzt, auch zum Mittagessen eine Einkehr schätzt und am Abend ein Glas Wein und eine Mahlzeit von der Speisekarte genießen will, sollte als Richtwert etwa 60 Euro Kosten pro Tag ansetzen. Sparmöglichkeit besteht vor allem bei der Einkehr. Meistens ist das Frühstück auf der Hütte überproportional teuer, auch das Mittagessen von der Speisekarte schlägt ordentlich zu Buche. Weil auf Alpenvereinshütten der Verzehr von mitgebrachten Speisen erlaubt ist, kann man sich aus dem Rucksack verpflegen und dadurch mindestens zehn Euro pro Tag einsparen. In den größeren Orten sind Jugendherbergen eine billige Übernachtungsalternative. Der Verzicht auf Bus und Bahn spart weiteres Geld. Kosten von 40 Euro pro Tag dürften so die Untergrenze sein.

Eine Übernachtung im Zelt ist die billigste Alternative, aber nicht unproblematisch. Oft fehlen geeignete Zeltplätze, wildes Zelten ist überall verboten, und das Zusatzgewicht kann leicht den

Blick vom Pian de le Femene nach Revine

Wanderspaß verderben. Wer dennoch zelten möchte, sollte das nur auf Campingplätzen oder nach Rückfrage beim Grundstücksbesitzer in Alm- oder Hüttennähe tun.

Reservierungen in Hütten und Gasthöfen sind vor allem an Wochenenden in der Hochsaison und für Gruppen dringend erforderlich. Die kleinen Gasthöfe am Weg sind häufig ausgebucht. In Italien erwarten die Hüttenwirte oftmals einen kurzen Anruf am Vortag. Am besten bittet man bei der Ankunft in einer Hütte den Wirt, beim Quartier des nächsten Tages Bescheid zu geben.

Ausrüstung

Der wichtigste Bestandteil der Ausrüstung sind die Schuhe. Feste, knöchelumschließende Bergstiefel, die man gut eingelaufen hat, sind unverzichtbar. Von leichten Trekkingschuhen ist abzuraten. Sie sind, ebenso wie zu alte Schuhe, der Dauerbelastung nicht gewachsen. Teleskopstöcke erleichtern Abstiege und schwierigere Wege. Ein Rucksack mit stabilem Tragesystem und mindestens 55 Litern Fassungsvermögen ist erforderlich. Eine gut bestückte Rucksackapotheke, ein leichter Biwaksack, ein Mobiltelefon und eine Taschen- oder Stirnlampe sollten für Notfälle mitgenommen werden. Eine Regenjacke versteht sich von selbst, sinnvoll sind aber auch eine Regenhose sowie eine wasserdichte Hülle für den Rucksack. Auf einigen der Touren ist den ganzen Tag über kein Wasser zu finden und es besteht auch keine Einkehrmöglichkeit. Trinkflaschen mit mindestens einem Liter Fassungsvermögen sind ratsam. Auch im Sommer hat man im Gebirge Handschuhe und Mütze dabei.

Wäsche für 28 Tage passt in keinen Rucksack. Man muss hier also Kompromisse eingehen. Entweder man bucht vorab an den Talorten Quartiere und schickt dann nach telefonischer Absprache Klei-

dung zum Wechseln dorthin oder man legt ab und zu einen Waschtag ein. Leider bieten nur wenige Hotels und Gaststätten einen Waschservice für Wanderer an.

Manch einer meint angesichts des vollen Rucksacks und der Kartenskizzen im Wanderführer vielleicht, dass die Wanderkarten zu Hause bleiben können. Damit hat man allerdings an der falschen Stelle gespart. **Die Karten in diesem Führer dienen zur leichteren Wegfindung, können aber keine Wanderkarte ersetzen.** Im Hochgebirge kann z. B. ein Wettersturz zu einem schnellen Abstieg abseits der geplanten Route zwingen. Ohne eine vernünftige Karte kann hierdurch eine gefährliche Situation entstehen. Wir raten daher, zumindest eine Minimalausstattung an Karten mitzunehmen und geben Hinweise dazu in den Reiseinformationen.

Das Ziel: Venedig

Naturschutz

Die Alpen sind eine der letzten vom Menschen einigermaßen unberührten Gegenden Europas. Respekt vor der Natur und umsichtiges Verhalten sollten selbstverständlich sein, um die Schönheit der Berge zu erhalten. Müll wird weder unterwegs noch auf der Hütte zurückgelassen. Was man heraufgetragen hat, kann man auch wieder mit hinunterbringen. Am Anblick von Alpenblumen freut man sich und lässt sie an ihrem Standort stehen. Verantwortungsbewusste Wanderer bleiben auf den Wegen und vermeiden Abschneider, um der Erosion vorzubeugen. Man lärmt nicht und vermeidet es, Wild und Weidevieh zu stören. Weidegatter werden nach dem Passieren wieder geschlossen. Wildes Campieren und Lagerfeuer sind verboten und können überdies, vor allem in Nationalparks und Schutzgebieten, mit empfindlichen Strafen belegt sein.

1 Von München nach Wolfratshausen

Auf den klassischen Wanderwegen der Münchner: Marienplatz – Deutsches Museum – Kloster Schäftlarn – Wolfratshausen

leicht

32 km

8 Std.

↑60 m ↓0 m

Tourencharakter: Leichte, aber sehr lange Talwanderung auf guten Wegen.
Ausgangspunkt: München, Marienplatz.
Endpunkt: Wolfratshausen.
Wanderkarte: Topografische Karte UK L1 Ammersee – Starnberger See und Umgebung, 1:50 000; Kompasswanderkarte 180 Starnberger See – Ammersee, 1:50 000 (ab München Marienklause); topografische Karte UK C 1 München und Umgebung, 1:100 000; Wanderführer Isartal mit Wegekarte 1:50 000 des Isartalvereins, Uhlandstraße 5, 80336 München.
Markierung: Teilweise markiert mit gelben Rauten oder gelben Dreiecken, Orientierung unproblematisch.
Verkehrsanbindung: U- und S-Bahnlinien am Marienplatz, Rückfahrt von Wolfratshausen mit der S-Bahn S7.
Einkehr: Zahlreiche Einkehrmöglichkeiten am Weg.
Unterkunft: Gasthof Humplbräu, Obermarkt 2, Tel. 08171/71 15; Hotel Märchenwald garni, Kräuterstraße 39, Tel. 08171/2 90 96.
Tourist-Info: Im Rathaus am Marienplatz befindet sich das Infocenter des Fremdenverkehrsamts München, Tel. 089/2 33-03 00.

Vom **Marienplatz**, dem geschäftigen Zentrum Münchens, führt uns die erste Etappe vorbei am **Deutschen Museum** in die Isarauen. Auf bekannten und beliebten Wanderwegen geht es nun Richtung Süden. Durch die weitläufige Pupplinger Au am Zusammenfluss von Loisach und Isar erreichen wir unser Tagesziel Wolfratshausen.

München: Mariensäule mit dem Glockenspiel

Der Wegverlauf

Beim Aufbruch am **Marienplatz** wenden wir uns ostwärts. Wir gehen entlang des »Tals«, passieren nach wenigen Minuten das Isartor und erreichen bei der Ludwigsbrücke die Stelle, wo Heinrich der Löwe 1158 seinen historischen Brückenschlag vollzog und damit die Stadt München gründete. Wir überqueren die erste Brücke und wenden uns dann nach rechts auf der Museumsinsel zwischen der Isar und dem **Deutschen Museum** südwärts. Die Museumsin-

1

1
München
Hbf.
Marienplatz
515
Theresien-
wiese
Deutsches
Museum
Mittlerer Ring
Isar
Harlaching
Sendling
Tierpark
U-Bahn
Hinterbrühler
See
Forsten-
ried
Solln
528
Tram
Großhesselohe
Forstenrieder
Park
Tram
Schwaneck
Grünwalder
Forst
Pullach
580
Grünwald
Ober-
haching
Buchenhain
Georgenstein
Baierbrunn
637
Deisenhofen
Straßlach
634
S7
B11
Hohen-
schäftlarn
629
Mühltal
Isarkanal
Ebenhausen
560
Kloster
Schäftlarn
Groß-
Dingharting
Klein-
Brücken-
fischer
Icking
636
Aumühle
Deining
500
585
Schönberg
666
Pupplinger
Au
Loisach
Ergerts-
hausen
Aujäger
Weidach
567
Egling
N
0
1 km
Wolfratshausen

1

sel ist eine Sandbank, die viele Jahrhunderte lang als Floßlände diente. 1903 wurde sie von der Stadt München als Bauplatz für das von Oskar von Miller konzipierte naturwissenschaftlich-technische Museum gestiftet. Beim Durchqueren des Innenhofs des Deutschen Museums gibt es eine im Pflaster des Hofes eingelassene Bodensonnenuhr zu bestaunen, bei der man sich selbst als Zeiger betätigen kann. Die Uhr im Uhrenturm, durch dessen Tor wir den Hof jetzt wieder verlassen, zeigt uns die Tageszeit, den Wochentag, den Monat, die Mondphase und die Stellung der Sonne im Tierkreis an. Über die Zenneck-Brücke gelangen wir zur Ostseite der Isar und schwenken nach rechts auf die Uferstraße ein. Nun folgen wir dem so genannten Planetenweg des Deutschen Museums, dessen Startpunkt sich ebenfalls im Museumsinnenhof befindet. Auf Informationstafeln entlang dieses Weges ist Wissenswertes über unsere Nachbarplaneten aufgezeichnet. Die Abstände der Tafeln markieren die relativen Abstände der Planeten im Sonnensystem. Nach der Unterquerung der Braunauer Eisenbahnbrücke und des Mittleren Rings schlendern wir vorbei am Flauchersteg zum Tierpark Hellabrunn. An seinem südwestlichen Ende liegt die Marienklause. Hier queren wir den Fluss sowie einen weiteren Wasserarm und halten uns halblinks Richtung Hinterbrühler See. Dort passieren wir die Brücke auf die westliche Seite der Floßlände und gelangen auf eine Teerstraße. Ab diesem Punkt geht man stets direkt am Ufer entlang südwärts. Fast unmerklich verlassen wir die Stadt. Mit der Großhesseloher Brücke lassen wir Münchens Stadtgrenze hinter uns.

Die Halbzeit unserer Tagesetappe erreichen wir am Georgenstein, der unterhalb der Gemeinde Baierbrunn aus der Isar ragt. Dieser Nagelfluhfelsen stürzte einst vom östlichen Steilufer in das Flussbett. Etwa 1,5 Kilometer nachdem sich Isar und Isarkanal wieder vereinigt haben, stoßen wir auf eine Weggabelung mit einer Ruhebank, an der wir uns links halten (gelbe Markierungen). Achtung: Dieses Wegstück ist in der topografischen Karte 1:100 000 nicht eingezeichnet! Wir wandern jetzt an der so genannten Bürg vorbei, einer gut erhaltenen keltischen Befestigungsanlage mit konzentrischen Gräben und Wällen, der sich auch die Römer und später die Bayern bedienten. Auf schattigen Waldwegen gelangen wir nach etwa fünf Stunden zum **Kloster Schäftlarn**. Hier treffen wir auf die am Wochenende oft stark befahrene Autostraße, der

1

wir abwärts bis zum Wirtshaus Brückenfischer folgen, wobei wir die Isar erneut überqueren. Hinter dem Haus befindet sich der Isarwerkkanal, der von hohen Dämmen gesäumt wird. Man folgt dem westseitigen Dammpfad, an dessen Ende der mit Wasservögeln belebte Stausee zum Baden einlädt.
Das überdachte Ickinger Wehr ermöglicht den Flussübergang zur Westseite und damit den Weiterweg zur Loisachmündung. Der Eingang zur Wehrbrücke ist eine unauffällige Stahltür, auf der wir beim Näherkommen das München-Venedig-Wegzeichen sehen. Den grandiosen Tagesabschluss bildet der berühmte Ausblick vom Riemerschmidpark auf die Wildflusslandschaft. Gelbe Markierungen leiten uns das letzte Stück Weg über Weidach hinunter zum Ziel **Wolfratshausen**.

Burg Schwaneck bei Pullach

Variante am Isarwehr: Alternativ geht man an der Ostseite des Kanals auf dem gelb markierten Uferweg entlang der Isar durch die Pupplinger Au bis vor die Isarbrücke. Östlich befinden sich die Gasthöfe Aujäger und Pupplinger mit Übernachtungsmöglichkeit. Auch das gerade Teersträßchen führt uns dorthin. Die 700 Hektar große Pupplinger Au ist ein Naturschutzgebiet mit seltenen Pflanzen und Vögeln, das leider durch den starken Erholungsverkehr gefährdet ist. Daher sollte man das hier geltende Wegegebot unbedingt beachten.

2 Von Wolfratshausen nach Bad Tölz

Den Bergen entgegen: Wolfratshausen – Geretsried – Bad Tölz

leicht
26 km
7 Std.
↑120 m ↓50 m

Tourencharakter: Lange, sehr abwechslungsreiche Talwanderung. Die Orientierung ist nicht ganz einfach, deshalb ist ein gründliches Studium der Karte empfehlenswert. Sorgfältig auf die Wegmarkierung achten!
Ausgangspunkt: Wolfratshausen, Bahnübergang Sauerlacher Straße, südlich des S-Bahnhofs.
Endpunkt: Bad Tölz, Isarbrücke.
Wanderkarte: Topografische Karte UK L1 Ammersee – Starnberger See und Umgebung, 1:50 000; Kompasswanderkarte 180 Starnberger See – Ammersee, 1:50 000; topografische Karte UK C 1 München und Umgebung, 1:100 000.
Markierung: Der Großteil der Strecke ist gelb markiert, an kniffligen Abzweigungen findet man auch das München-Venedig-Emblem.
Verkehrsanbindung: Bahnanschluss in Wolfratshausen und Bad Tölz; Wolfratshausen ist Endstation der Münchner S-Bahnlinie 7; mehrmals täglich Busverbindungen von Bad Tölz nach Wolfratshausen.
Einkehr: Unterwegs keine.
Unterkunft: Gasthof Zantl, Salzstraße 31, Tel. 08041/97 94 (Vollwertkost); Gasthof Kolberbräu, Marktstraße 29, Tel. 08041/76 88 0; Jodquellenhof, Ludwigstraße 13, Tel. 08041/509-0 (direkter Durchgang vom Hotel zum Erlebnisbad Alpamare).
Tourist-Info: Städtische Kurverwaltung Bad Tölz (Zimmernachweis): Tel. 08041/78 67 0.

Wolfratshausen: Rathaus und St. Andreaskirche

Ein unvergessliches Erlebnis ist das Heranwandern an den Alpenrand, besonders wenn der Föhn die Bergkonturen scharf hervortreten lässt und im blauen Himmel weiße Wolkenfahnen hängen. Wir gehen auf stillen Pfaden abwechslungsreich über einsame Wiesengründe und karge Schotterlandschaften, vorbei an Einödhöfen und üppigen Weiden.

Der Wegverlauf

Vom Ortskern **Wolfratshausen** aus gilt es als Erstes, den Bahnübergang der Sauerlacher Straße zu erreichen. Er liegt südlich der S-Bahn-Station. An seiner Südostseite beginnt ein Fuß- und Radweg, der uns nach etwa 1,5 Kilometern über den Loisach-Isar-Kanal führt. Ihn begleiten wir bis zum dritten Übergang.

Wolfratshausen an der Loisach

Südlich des Eisenstegs biegt die Route nach Südosten ein und verläuft damit parallel zur Isar. Wanderer, welche östlich der Isarbrücke übernachtet haben, wechseln zuerst auf deren Westseite. Dort führt ein Fahrweg flussaufwärts zur Kanalmündung und weiter zu dem erwähnten Eisensteg.

Dann bringt uns unser Wanderweg zunächst nach **Geretsried-Gartenberg**. Dort treffen wir auf die Isardammstraße, die wir aber bald wieder nach links verlassen, um in die Isarauen zurückzukehren (hier unbedingt auf Markierungen achten!). Jetzt durchwandern wir den Bereich des ehemaligen Wolfratshauser Sees, der sich zum Ende der letzten Eiszeit gefüllt hat. Durch die Gletscherwasser wurden weite Schotterfelder aufgeschüttet. Der ehemalige Seeboden, der sehr ärmlich ist und nur wenige Zentimeter Humus trägt, beherbergt artenreiche Pflanzengesellschaften. Bäume wachsen hier allerdings nur langsam, und manche bizarr geformte Schirmföhre ist schon mehrere hundert Jahre alt. An einer Stelle ist das aussichtsreiche, aber schmale Hochufer der Isar, an dem wir jetzt entlangwandern, leider mit einem Haus verbaut, und wir müssen nun fast einen Kilometer lang die Straße benutzen, um dieses Grundstück zu umgehen. Ein kleines Hinweisschild und Markierungen auf der linken Straßenseite zeigen an, wo wir diese wieder verlassen können. Jetzt trennen uns noch knapp vier Kilometer von der Tattenkofener Brücke.

Wir überschreiten die Brücke jedoch nicht, sondern halten auf der südlichen Straßenseite nach einem Forstweg Ausschau, der einige Meter vor der Brücke beginnt und zunächst oberhalb der Flussböschung verläuft. Die Beschilderung »Radweg R2 Bad Tölz« ignorieren wir; unser Wegzeichen ist ein gelber Punkt, im weiteren Verlauf dann auch eine gelbe Raute bzw. gelbe Pfeile.

2

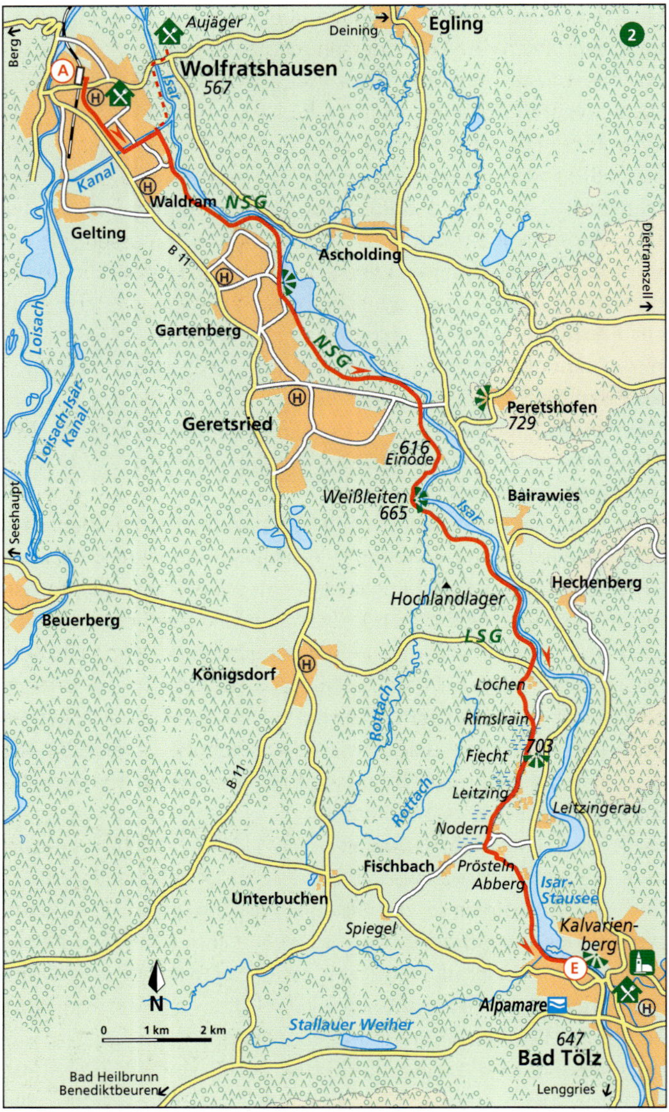

Nach etwa 15 Minuten erreichen wir ein Weidegatter der Hofstelle Einöde. Direkt am Zaun öffnet sich vor uns ein schmaler Pfad, in den wir nun einbiegen. Die Zufahrtsstraße zum Hof que-

2

ren wir und erreichen schließlich über zum Teil steile Holztreppen den »Malerwinkel«, dessen heute allerdings recht zugewachsener Ausblick zum Fluss und auf die nahe Bergkette vor dem Zweiten Weltkrieg Maler anlockte (Bank). Ein Trampelpfad über eine mit Büschen bestandene Waldlichtung bringt uns schließlich zu einer Forststraße, der wir nach links folgen.

Jetzt heißt es aufgepasst! Kurz nach einer Einmündung – man folgt der Radwegmarkierung Richtung Schuß – müssen wir unsere bequeme Waldstraße wieder verlassen. Ein gelber Pfeil weist uns den Weg nach links zwischen einem Forstzaun und mehreren Bänken hindurch. Nach wenigen Schritten stehen wir an einer Abbruchkante und steigen steil über Treppenstufen hinunter zum Rothbach.

Über einen Steg geht's ans andere Ufer. Wenige Meter nach dem Steg wenden wir uns auf einer Lichtung nach rechts. Der Pfad trifft erneut auf das moorige Bachwasser und freies Wiesengelände. An einem Naturschutzgebietschild folgen wir nicht dem Weg geradeaus, sondern halten uns stets an die Pfadspuren, die links am Rand des Gehölzes entlang verlaufen (unbedingt auf gelbe Markierungen achten!). Zwischendurch verlieren sich die Pfadspuren fast, und wir gehen weglos geradeaus durch die Wiesenlandschaft, bis wir an deren Ende wieder auf unsere vertrauten gelben Wegzeichen stoßen. Bei einem Naturschutzgebietschild mit München-Venedig-Zeichen befindet sich links ein Steg, der uns nochmals über einen Bach führt. Etwa 80 Meter danach wenden wir uns nach rechts und folgen der schmalen steinigen Wirtschaftsstraße. Bald kommen wir direkt an die Isar, wo sich der Weg schließlich zu einem Trampelpfad verengt. Nach dem Schild »Flusskilometer 193« erreichen wir eine Abzweigung. Wir biegen nun rechts ab und gelangen über den Einödhof Lochen und die Weiler Rimslrain, Fiecht, Nodern, Prösteln und Abberg schließlich zum Isarstausee. Unsere Route

Isarstausee bei Bad Tölz

2

bietet herrliche Ausblicke, verläuft allerdings weitgehend schattenlos auf einem Teersträßchen. Zusätzlich hat man kurze Anstiege von insgesamt etwa 80 Höhenmetern auf den Moränenrücken zu bewältigen. Nachdem wir den Fluss verlassen haben, erreichen wir eine Lichtung mit einem Kreuz sowie einem Gedenkstein für die Verunglückten einer Isarwanderung (geradeaus Rastplatz mit mehreren Bänken). Der Weg knickt rechts ab und führt zur verkehrsreichen Alten Tölzer Landstraße, die wir überqueren. Zwischen dem Waldrand und den Weiden des Einödhofs Lochen führt uns der Trampelpfad zu einem Durchgang Richtung Hof, den wir am Obstgarten vorbei rechts passieren.

Geradeaus gehen wir hinab in die Senke der Rothenrainer Moore und folgen dort am Waldrand dem schmalen Weg. Über eine Wiese erreichen wir schließlich nach etwa 80 Metern einen Wirtschaftweg und auf diesem die Teerstraße nach Rimslrain. Am besten hält man hier nach den gelben Rauten Ausschau, die weit sichtbar an Strommasten angebracht sind. Über Moore, Wiesen und Wälder streift der Blick zur Zugspitze, den Oberammergauer Bergen, den Lechtaler und Allgäuer Alpen. Nach drei Kilometern halten wir uns an einer Einmündung mit dem Wegweiser »Leitzing, Fiecht, Rothenrain« links und gleich darauf wieder rechts. Vom Wegweiser »Isarstausee« lassen wir uns hier nicht beirren, denn dieser führt nur wieder zur Alten Tölzer Landstraße zurück.

Zusammenfluss von Isar und Loisach, im Hintergrund der Alpenrand

2

Tipp

In Bad Tölz angekommen, sollte man nicht den kurzen Aufstieg auf den **Kalvarienberg** versäumen. Oben bietet sich einem ein herrlicher Ausblick über die Stadt und in den Isarwinkel. Die schöne und interessante barocke Doppelkirche mit ihren zwei Türmen enthält eine Nachbildung der Heiligen Stiege. Ihre ideale Lage über der Stadt hat sie zu einem Wahrzeichen von Bad Tölz werden lassen. Hier befindet sich auch die Leonhardikapelle, die das Ziel der alljährlich am 6. November stattfindenden Wallfahrt ist. Die **Tölzer Leonhardifahrt** ist eine der schönsten und traditionsreichsten Pferdewallfahrten Deutschlands. Mit über 70 festlich geschmückten vierspännigen Wagen sowie mehreren hundert Pferden ziehen Bauern und Bürger in alter Tracht durch die historische Marktstraße auf den Kalvarienberg. Bei der zweimaligen Umfahrung der Kapelle erhalten Pferde und Reiter den Segen.

Beim Gehöft **Thal**, das wir links passieren, finden wir den Wegweiser Richtung Abberg und Prösteln. Oben auf der Kuppe angekommen verlassen wir die Teerstraße nach rechts und durchqueren das Gehöft. An der kleinen Kapelle auf dem Hofgrund wenden wir uns nach links und steuern an zwei betagten Bänken vorbei auf einen verwitterten Wegweiser zu. Hier beginnt rechts abbiegend ein uralter Wiesenpfad, der uns durch einen Gehölzstreifen (Markierungen) in das Nachbardörfchen **Abberg** bringt. Dort zweigt man auf der Teerstraße rechts ab. Das Sträßchen steigt nur kurz an und wird dann zu einem steinigen, steil nach unten zum Isarstausee führenden Hohlweg. Am Stausee wenden wir uns nach rechts und erreichen über den Gehweg an der Landstraße und die schöne Isarpromenade (Ausschilderung beachten) unser Tagesziel **Bad Tölz**.

3 Von Bad Tölz zur Benediktenwand

Im Isarwinkel: Bad Tölz – Arzbach – Tiefentalalm – Tutzinger Hütte

mittel

18 km

6 1/2 Std.

↑ 1000 m
↓ 300 m

Tourencharakter: Unschwierige Bergwanderung mit langem Aufstieg; bei der Gratvariante ist Trittsicherheit und Schwindelfreiheit erforderlich.
Ausgangspunkt: Bad Tölz.
Endpunkt: Tutzinger Hütte.
Wanderkarte: Kompasswanderkarte 182 Isarwinkel, 1:50 000; topografische Karte UK L30 Karwendelgebirge, 1:50 000.
Markierung: Wegnummer 468, 460.
Verkehrsanbindung: Zug- und Busverbindung in Bad Tölz und Lenggries.
Einkehr: Arzbach, ggf. Hütten am Brauneck.
Unterkunft: Tutzinger Hütte, DAV Sektion Tutzing, Tel. 0175/164 16 90, geöffnet Ende April bis Anfang November.
Tourist-Info: Gästeinformation der Gemeinde Lenggries, Rathausplatz 1, 83661 Lenggries, Tel. 08042/50 08-20.

Nach zwei Wandertagen im Isartal nehmen wir am dritten Tag der Venedigwanderung die erste Bergtour in Angriff. Brauneck und Benediktenwand gehören zu den Münchner Hausbergen; hier herrscht zu jeder Jahreszeit Hochbetrieb. So wie der Nevegal im Veneto den Alpen vorgelagert ist (siehe Etappe 24), ist die Benediktenwand die Aussichtskanzel zwischen Hochgebirge und Ebene hier bei uns. Der Blick zurück schweift über die bayrischen Seen und an schönen Tagen bis nach München, vor uns sehen wir die Gebirgsmassive des Karwendels und des Wettersteingebirges.

An der Isar in Bad Tölz

Der Wegverlauf

Für diesen Wandertag gibt es, je nach persönlicher Vorliebe, zwei Möglichkeiten. Wer jeden Meter nach Venedig zu Fuß zurücklegen will, wandert bis nach Arzbach, verlässt dort das Isartal und steigt auf der Nordseite der Benediktenwand über das Arzbachtal zur Tutzinger Hütte auf. Alternativ kann man bis Lenggries an der Isar bleiben, sich dort von der Bergbahn auf das Brauneck schaukeln lassen und nach einer aussichtsreichen Gratüberschreitung die Hütte ansteuern.

Von **Bad Tölz** aus benutzen wir den Wanderweg auf der westlichen Isarseite. Er leitet uns in die herrliche Wildnis der Flussaue. Die kargen Geröllfelder mit ihrem struppigen Bewuchs erinnern

ein wenig an das Buschland Australiens. Auf einem kurzweiligen Weg erreichen wir nach 1 1/2 Stunden den kleinen Ort **Arzbach**.

Variante über das Arzbachtal: Kurz nach einer Holzbrücke treffen wir auf eine Abzweigung in den Ort (Wegweiser Arzbach, Lenggrieser Höhenweg und Café Schusterpeter). Dort wechseln wir auf die Straße, die am Sportplatz rechts abknickt und vorbei an einigen wunderschönen alten Holzhäusern Richtung Hauptstraße und Kirche führt. Wir wenden uns an der Hauptstraße nach links, überqueren die Brücke über den Arzbach zum Ort Schlegldorf und halten rechts Ausschau nach der steilen Auffahrt zum Gasthof Schweizerwirt. Wir gehen allerdings nicht am Gasthaus vorbei, sondern halten uns oben gleich links auf dem Weg, der entlang der Böschung direkt Richtung Süden führt. Vorbei an einer kleinen Kapelle stoßen wir nach ca. zwei Minuten auf die

3

Abzweigung zu den Seiboldshöfen (Wegweiser Brauneck, Benediktenwand, Markierung 468). Immer geradeaus geht's nun weiter. Wir lassen die Höfe links liegen und kommen zwischen einem Bauernhaus und der dazugehörigen Scheune hindurch auf eine Weidefläche. Eine Reihe alter Bäume säumt den Wirtschaftsweg, der am Ende der Rinderweiden das felsige Bett des Arzbachs trifft. An der Spitzkehre der Forststraße, die nun vor uns liegt, besteht die Gefahr, den falschen Weg einzuschlagen, denn wer hier links bergauf der Markierung 468 folgt, steigt auf's Brauneck. Das ist eine lohnende Sonntagswanderung, die wir uns jedoch für ein anderes Mal aufsparen. Wir nehmen stattdessen den rechten Weg und erreichen, immer am Arzbach entlang, nach drei Stunden einen großen Parkplatz, ab dem die Straße glücklicherweise für den öffentlichen Verkehr gesperrt ist. Bald danach trennt sich die Forststraße vom Bach und steigt in Serpentinen zügig hinauf zur Abzweigung ins Längental.
Hier wählen wir nun den mit der Nummer 460 markierten Weg. Er umgeht den Längenberg auf der Westseite und leitet den Wanderer über Baunköpfl- und Melcherstefflalm zur Tiefentalalm (1251 m). Die bequemen Forstwege bringen uns schnell voran, und nach etwa einer halben Stunde haben wir schon die Melchersteffl-Alm erreicht. Über grüne Wiesen, vorbei an den Hütten, leitet uns der Wirtschaftsweg zum Waldrand am Talende. Dort wird er steiler und führt hinauf zur Jagdhütte an der aufgelassenen Sattelalm (1095 m). Bei der Weggabelung nach dem Sattel halten wir uns links. Auf dem leicht fallenden Forstweg müssen wir jetzt den Verlust einiger Höhenmeter in Kauf nehmen, doch nach der Überquerung mehrerer Bachläufe steigen wir dann endgültig zur **Tiefentalalm** hinauf. Mit Beginn der freien Almfläche hat sich das Sträßchen in einen befestigten grünen Weg verwandelt. Der weitere Verlauf unserer Route ist nun durch den im Süden liegenden Sattel vorgegeben. Zuerst gilt es, die nahe der Alm stehende mächtige Fichte anzusteuern. Beim folgenden, recht mühevollen Anstieg achten wir auf rote Markierungen und Trittspuren. Oben am Sattel angekommen, öffnen sich uns herrliche Ausblicke nach Norden über die runden Flyschberge bis zum Zwiesel, nach Osten zur Probstenwand, nach Süden zur Benediktenwand sowie hinunter zum Etappenziel, der etwa 150 Meter tiefer gelegenen **Tutzinger Hütte**. Nach den hinter uns liegenden Anstrengungen ist der Ab-

3

Arzbach mit Benediktenwand, 1801 m

stieg vorbei an malerischen Baumgestalten und Felsblöcken ein schöner Abschluss dieses Wandertags durch einen wenig begangenen Teil des Isarwinkels.

Variante über das Brauneck: In Arzbach bleiben wir auf dem Isarweg, dem wir bis nach **Lenggries** folgen (von Bad Tölz: 2 1/2 Std.). Die Isarbrücke am Ortseingang mündet in einen Kreisverkehr, von dem die Straße zur Talstation der Brauneckbahn abzweigt. Mit der Bahn gewinnen wir über 800 Höhenmeter in einem Rutsch. Wer sich jetzt im Brauneckhaus stärken will oder das **Brauneck** in die persönliche Liste bezwungener Gipfel eintragen möchte, steigt gleich an der Bergstation rechts hinauf. Alle anderen wandern geradeaus auf dem Europawanderweg E4 weiter. Bald schwenkt der E4 nach rechts, steigt dabei kurz steil an und verläuft dann oben auf der scharfen Gratlinie über Stangeneck und Vorderen Kirchstein. Nach knapp einer Stunde stehen wir am Latschenkopf (1712 m), der uns eine optimale Rundumsicht beschert. Kurz danach ist eine Entscheidung zu fällen: Entweder gelangen wir auf einem luftigen Steiglein über die Achselköpfe zum **Rotöhrlsattel** oder wir bleiben auf dem E4, steigen etwa 20 Minuten Richtung Probstalm ab und, ohne die Almhütte zu erreichen, gleich anschließend die verlorenen Höhenmeter zum Sattel wieder auf. Vom Rotöhrlsattel bietet sich ein Abstecher auf den Gipfel der Benediktenwand an, den wir je nach Lust und Laune, den Wetterverhältnissen und unserer Kondition einschieben können. Stellenweise drahtseilversichert erreichen wir das Gipfelkreuz nach etwa 40 Minuten. Ebenso lange benötigen wir für den Abstieg zur **Tutzinger Hütte**, die unter uns im Schutz, aber auch im Schatten des beeindruckenden Gipfelaufbaus liegt.

4 Von der Tutzinger Hütte ins Rißtal

Durch die schöne Jachenau: Tutzinger Hütte – Jachenau – Rißsattel – Vorderriß

mittel

22 km

6 1/2 Std.

↑670 m
↓1220 m

Tourencharakter: Bergwanderung ohne besondere Schwierigkeiten, Abstieg nach Vorderriß erfordert Trittsicherheit .
Ausgangspunkt: Tutzinger Hütte.
Endpunkt: Vorderriß.
Wanderkarte: Kompasswanderkarte 182 Isarwinkel, 1:50 000; topografische Karte UK L30 Karwendelgebirge, 1:50 000.
Markierung: Wegmarkierung 456, 455 und 485 bis Jachenau, 490 bis Vorderriß; blaue Markierungen auf dem Weg zum Rißsattel.
Verkehrsanbindung: Busverbindung im Ort Jachenau und in Vorderriß.
Einkehr: Im Ort Jachenau.
Unterkunft: Alpengasthof Post, 83661 Vorderriß, Tel. 08045/277; Oswaldhütte, Tel. 08045/91 59 35 (tel. Reservierung erforderlich).
Tourist-Info: Verkehrsamt, 83676 Jachenau, Tel. 08043/91 98 91.

Die Jachenau ist ein fast geschlossener Talkessel, der an drei Seiten von Bergrücken umgeben ist. Da die Straße zum Walchensee mautpflichtig ist, bleibt dem Tal der schlimmste Durchgangsverkehr erspart. Sicher hat auch das dazu beigetragen, dass diese Wiesenlandschaft ihren Beinamen »die Schöne« auch heute noch zu Recht trägt. Wir sehen die Jachenau auf dieser Etappe mit gemischten Gefühlen, denn sie zwingt uns zu einem langen Abstieg, belohnt uns aber gleichzeitig mit der Lieblichkeit ihrer Landschaft und einer ordentlichen Mittagsrast.

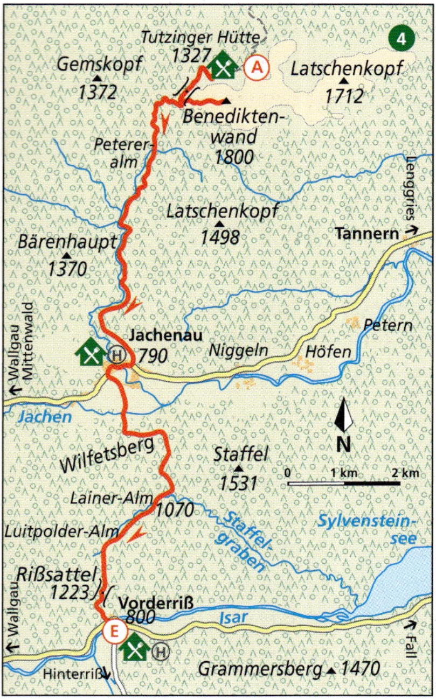

Der Wegverlauf

Von der **Tutzinger Hütte** aus wenden wir uns zunächst auf dem Weg 456 Richtung Süden, halten uns dann rechts auf dem Weg 455 und steigen so zum Sattel zwischen Brandköpfl und Benediktenwand auf. Nach etwa 40 Minuten zweigt der Westanstieg auf die Benediktenwand von unserem Steig ab. Wegen des langen Weges, der heute noch zu bewältigen ist, sollten aber nur wirklich konditionsstarke und schnelle Geher einen Abstecher auf den Gipfel in Betracht ziehen. Der deutlich beschilderte Weg in die Jachenau wendet sich nun für ein kurzes Stück nach Westen. Steil geht es hinab bis zu einer Abflachung des Geländes in einem herrlichen Buchenmischwald. Dort halten wir genau Ausschau nach der Markierung, denn unser Wanderpfad knickt jetzt wieder nach Süden ab, und diese Stelle kann man leicht verpassen. Bei der nun folgenden Gabelung (Ausschilderungen Petersalm, Jachenau, Rabenkopf/Achala) wählen wir den mittleren Weg Richtung Jachenau. Nach 1 3/4 Stunden Gehzeit erreichen wir eine Forststraße. Dort haben wir die Wahl, über einen steilen Steig geradeaus ins Tal abzusteigen (Wegweiser Pilgerweg Benediktbeuern/St. Georgenberg, Wasserfall, Markierung 485) oder die bequemere, jedoch etwas längere Forststraße zu benutzen. Knieschonender ist die zweite Alternative, landschaftlich schöner die erste. Die Zeitangaben auf den Wegweisern brauchen wir übrigens nicht allzu ernst zu nehmen. Nach etwa einer halben Stunde treffen beide Routen wieder aufeinander. Immer auf der Forststraße, vorbei an der Abzweigung des Fußwegs J1 und einer Lichtung mit Almhütte, treffen wir auf ein Brückchen, an dem der Jachenauer Ortsteil Berg ausgeschildert ist. Auch hier gehen wir geradeaus weiter. Bald sehen wir die ersten Häuser vom Ort **Jachenau**, den wir nach drei Stunden Gehzeit erreicht haben. Beim Gasthof Post gibt es einen kleinen Laden, in dem man sich mit Lebensmitteln versorgen kann. Dort befinden sich auch Telefonzellen und die Bushaltestelle.

Hans, der musizierende Wirt auf der Tutzinger Hütte

Umgehung des Karwendels: Hier in der Jachenau sollte man sich Gedanken über den Weiterweg machen. Die Hauptroute von München nach Venedig überquert die Birkkarspitze. Diese lange

4

Bergtour mit ihren großen Höhenunterschieden stellt einige Anforderungen an den Bergwanderer (siehe Etappe 6), es besteht jedoch auch die Möglichkeit zu ihrer Umgehung. Nach einer Übernachtung in der Jachenau wandert man dazu am Südufer des Walchensees bis nach Wallgau und von dort nach Mittenwald bzw. Scharnitz. Von Scharnitz gelangt man über das Hinterautal auf das Hallerangerhaus. Auch von Vorderriß aus besteht noch die Möglichkeit, Scharnitz auf ruhigen Wegen zu erreichen. Die abseits des Autoverkehrs verlaufende Route hält sich nach zweimaliger Überquerung der Isar an den Hangfuß des Karwendels.

Hauptroute nach Vorderriß: Den Ort Jachenau verlassen wir auf dem Weg 490, der nach ein paar Schritten auf der Straße Richtung Wallgau von dieser rechts abzweigt. Zunächst über einen Wiesenpfad und dann auf einem Wirtschaftsweg passieren wir den Weiler Luitpolder, überqueren die Jachen und steigen schließlich in den Wald auf. Durch den Wilfetsgraben wandern wir auf einer Forststraße an der Lainer-Alm vorbei. Wir wechseln auf einen Waldpfad, gelangen nach kurzer Zeit wieder auf die Forststraße zurück und biegen von dieser dann in einen Waldweg Richtung Vorderriß links ein (blaue Markierungen, Wegwei-

Ausblick vom Gipfel der Benediktenwand, 1801 m; links die Zugspitze, 2962 m

4

Tipp

Der **Gasthof Post in Vorderriß** bietet die einzige öffentlich zugängliche Übernachtungsmöglichkeit am Tagesziel. Wenn die wenigen Zimmer oder Lager ausgebucht sind oder gerade Ruhetag ist, bleibt einem nichts anderes übrig, als drei Stunden bis nach Hinterriß weiterzugehen. Telefonische Klärung spätestens am Vortag ist also dringend empfehlenswert.

ser). Nach zwei Stunden haben wir die Luitpolder Alm erreicht. Nach der Alm gehen wir nicht den nahe liegenden Holzziehweg hinauf, sondern steuern das Hinweisschild halb rechts vorne in der Wiese an. So erreichen wir wieder die gekennzeichnete Route. Blaue Wegmarkierungen weisen uns schließlich den Weg auf den **Rißsattel** (1223 m). Steil und manchmal auch recht schmal windet sich von dort unser Abstiegsweg ins Rißtal hinab. Unten angekommen wenden wir uns nach links, passieren kostenfrei die Mautstelle und erreichen nach Überquerung der Isar die Forstsiedlung **Vorderriß**. Im Forsthaus auf der Anhöhe verbrachte übrigens der Schriftsteller Ludwig Thoma seine ersten Kinderjahre. Daneben steht seit etwa 1500 das königliche Jagdhaus – Vorderriß war früher beliebter Jagdaufenthalt der bayerischen Herrscher. Wir dagegen steuern jetzt den Alpengasthof Post an und lassen den Wandertag gemütlich ausklingen.

5 Aus dem Rißtal auf's Karwendelhaus

Einsames Karwendel: Vorderriß – Oswaldhütte – Hinterriß – Kleiner Ahornboden – Karwendelhaus

mittel

24 km

7 1/2 Std.

↑ 1000 m
↓ 0 m

Tourencharakter: Leichte, aber lange Bergwanderung; verläuft im ersten Streckenabschnitt teilweise auf Fahrstraßen.
Ausgangspunkt: Vorderriß.
Endpunkt: Karwendelhaus.
Wanderkarte: Kompasswanderkarte 182 Isarwinkel, 1:50 000; topografische Karte UK L30 Karwendelgebirge, 1:50 000.
Markierung: ab Hinterriß Wegmarkierung 231 bis zum Ahornboden, ab dort E4.

Verkehrsanbindung: Busverbindung in Vorderriß und Hinterriß.
Einkehr: Oswaldhütte, Hinterriß.
Unterkunft: Karwendelhaus, DAV Sektion Männerturnverein München, Tel. 05213/56 23, geöffnet Anfang Juni bis Mitte Oktober. 0043 !!
Tourist-Info: Tourismusverband Vomp, Dorf 96, A-6134 Vomp, Tel. 05242/6 26 16.

Der Übernachtungsort Vorderriß ist der nördliche Zugang in das Herz des Karwendelgebirges. Auf einer Fläche von über 900 Quadratkilometern ist außer dem Jäger- und Holzfällerort Hinterriß keine ganzjährig bewohnte Siedlung zu finden und – Gott sei's gedankt – auch keine Durchgangsstraße. Dieses oft als menschenfeindlich bezeichnete Reich der steilen Felswände und stillen Hochkare, der tiefen Jagdgründe und uralten Zirbelwälder ist in Wahrheit ein echtes Erholungsparadies für Lärm- und Stressgeschädigte.

Grenzstein im Rißbachtal

Der Wegverlauf

Die ersten elf Kilometer hinein ins Rißtal bleibt uns die Fahrstraße leider nicht erspart. An Wochenenden empfiehlt es sich, früh aufzustehen, um dem motorisierten Ausflugsverkehr zu entgehen. Bis zu 10 000 Fahrzeuge täglich muss die Natur an schönen Wochenenden im Sommer und Herbst manchmal verkraften, eine Folge der ungebremsten Kommerzialisierung der Eng. Ein paar »Schleichwege« gibt es erfreulicherweise aber doch, sodass wir wenigstens stellenweise dem Autoverkehr ausweichen können. Gleich nach dem Aufbruch in **Vorderriß** leitet auf der linken Seite ein Wiesenweg hinauf zur Kapelle und den Forsthäusern. Dort beginnt ein parallel zur Straße

5

verlaufender Wirtschaftsweg. Erst nach etwa 2,7 Kilometern zwingt uns dann der Bergfuß des Grasköpfls hinunter auf die Teerstraße. Nicht ganz 500 Meter weiter können wir linksseitig wieder für ein kurzes Stückchen den Autos entkommen. Nach einer guten Stunde haben wir die **Oswaldhütte** erreicht. Unweit von hier befindet sich das 1948 erbaute Rißbachwehr. Von dort gelangt das Wasser in unterirdischen Stollen zum Niedernachkraftwerk am Walchensee. Unterwegs werden noch andere Bäche eingeleitet sowie die Isar und die Straße Vorderriß–Wallgau unterquert. Jetzt ist es nicht mehr weit bis zur österreichischen Staatsgrenze. Ungefähr einen Kilometer danach beginnt unser längster Seitenweg. Bevor die Autostraße erneut auf die östliche Bachseite wechselt, halten wir uns an den westseitig flussaufwärts ziehenden Wirtschaftsweg. Bei der Weggabelung nach etwa drei Kilometern gehen wir nicht hinunter zu der Rißbachbrücke, sondern wandern rechts weiter. Erst unmittelbar vor **Hinterriß** (ca. 2 1/2 Std.) endet auch dieser erholsame Wanderabschnitt. Die dortige Ansiedlung besteht im Wesentlichen aus einem ehemaligen Jagdschlössl des Herzogs von Coburg, einigen Forsthäusern, zwei Gasthöfen und dem Zollhaus. Die kleine Kirche wurde zur Fuggerzeit von den Knappen erbaut, als hier für die verschiedenen

5

Erzbergwerke in den Tälern eine Schmelze bestand.

Wir verlassen dann den Ort auf der Straße in Richtung Eng, zweigen aber beim ersten Wirtschaftssträßchen rechts ab und folgen dem Talverlauf auf dem markierten Weg 231. Um Stuhlberg und Luchsegg herum biegen wir ins Johannesbachtal ein. Bei der verfallenen Johannestalalm treffen wir auf einen Forstweg, der uns weiter in bequemer Steigung hoch über dem Gebirgsbach durch das Johannestal zum reizvoll gelegenen **Kleinen Ahornboden** (1400 m) bringt.

Tipp

Hier noch der Geheimtipp für Pfadfinder und erfahrene Alpinisten: Die direktere und interessantere Verbindung von Vorderriß zum Karwendelhaus führt über das **Fermersbachtal**, die Fereinalm bzw. Krinner-Kofler-Hütte und die Bärnalpl-Scharte (1769 m). Gute Verhältnisse, Trittsicherheit und Schwindelfreiheit sowie eine große Portion Orientierungssinn sind für die Begehung Voraussetzung.

Auf das einfache Denkmal Hermann von Barths, das an diesem schönen Ort einen würdigen Platz gefunden hat, schauen die stolzen Berghäupter, die er bezwang: die Zinnen der Nördlichen Sonnenspitze, der Moserkarspitze, der Kaltwasserkarspitze und der Grabenkarspitze. Er bestieg in den Jahren 1870/71 insgesamt 88 Karwendelgipfel, davon zwölf als Erstbesteiger. 1874 erschien sein berühmtes Buch »Aus den Nördlichen Kalkalpen«, das auch heute noch eine interessante Lektüre ist.

Karwendelhaus mit Karwendeltal

Vorbei am Pürschhaus, längs eines trockenen Grabens, dann steiler durch steinige Mulden und Wald führt der als Europawanderweg E4 markierte Pfad in freie und latschenbewachsene Hänge und schließlich über den Hochalmsattel zur Alpenvereinshütte **Karwendelhaus** (1765 m). Sie ist Stützpunkt für die Besteigung der Ödkarspitzen, der Östlichen Karwendelspitze und natürlich der Birkkarspitze, der höchsten Erhebung des Karwendels.

Vom Karwendelhaus zum Hallerangerhaus

6

Zu den Isarquellen: Karwendelhaus – Schlauchkarsattel – Birkkarspitze – Hinterautal – Hallerangerhaus

Tourencharakter: Lange und anstrengende Bergtour; für den Aufstieg auf die Birkkarspitze ist eine Stunde Gehzeit zusätzlich zu veranschlagen.
Ausgangspunkt: Karwendelhaus.
Endpunkt: Hallerangerhaus.
Wanderkarte: Kompasswanderkarte 26 Karwendelgebirge, 1:50 000; topografische Karte UK L30 Karwendelgebirge, 1:50 000.
Markierung: Wegmarkierung 225, rote Punkte.
Verkehrsanbindung: Keine.
Einkehr: Kastenalm, nicht direkt am Weg, ca. 10 Min.
Unterkunft: Hallerangerhaus, DAV Sektion Schwaben, Tel. 05213/53 26; Hallerangeralm, Tel. 05213/52 77 oder 0663/576 83, beide sind geöffnet von Anfang Juni bis Mitte Oktober.
Tourist-Info: Verkehrsverein Scharnitz, A-6108 Scharnitz, Tel. 05213/52 70.

anspr.
km 14 km
8 Std.
↑ 1510 m
↓ 1510 m

Eine der schönsten Touren im Karwendel ist die Überschreitung vom Karwendelhaus zum Hallerangerhaus über den Birkkarsattel – lang und anstrengend, aber wegen der herrlichen Aussicht von der Birkkarspitze und der unberührten, wilden Berglandschaft auch sehr lohnend. Das letzte Mal hören wir heute das Rauschen der Isar. Am Abend soll ein Spaziergang zu ihrer Quelle die mehrtägige Isarwanderung abrunden.

Der Wegverlauf

Direkt am **Karwendelhaus** beginnt der Steig Nr. 225 mit einem mühevollen Aufstieg durch das Schlauchkar. Der Name rührt nicht etwa daher, dass uns dieses Kar besonders »schlaucht« (obwohl das zweifellos zutrifft), sondern von dem Mittenwalder Namen Schlaucher. Beim Anstieg durch die für das Karwendelgebirge so typischen endlosen Geröllfelder ist sorgfältig auf die roten Markierungen zu achten. Diese sind stellenweise verblichen und nicht mehr gut zu erkennen. Besonders bei schlechten Sichtverhältnissen besteht die Gefahr des Verlaufens. In etwa 2 1/2 Stunden ist der **Schlauchkarsattel** (2639 m) erreicht. Die Biwakhütte östlich der Scharte dient als Notunterkunft und Rastplatz. Wer die **Birkkarspitze** (2749 m) be-

Tipp

Dass die **Biwakhütte am Schlauchkarsattel** als Notunterkunft dringend benötigt wird, hat einer der Autoren bei einer Karwendeltour im Frühsommer bereits am eigenen Leib erfahren. Nach schneereichen Wintern ist der steile Nordhang im Bereich des Sattels oft bis in den Sommer hinein vereist und im Birkkar liegt noch viel Schnee. Vor allem Frühstarter, die die Wanderung von München nach Venedig bereits im Juli beginnen wollen, sollten sich also beim Hüttenwirt nach den Wegverhältnissen erkundigen.

steigen will, lässt hier am besten den schweren Rucksack zurück. Bei schönem Wetter und klarer Sicht ist es ein lohnender Abstecher. An dem Hüttchen vorbei erreichen wir den Gipfel auf dem stellenweise drahtseilversicherten und ausgesetzten Steig in etwa einer halben Stunde. Der Blick reicht von den Hohen Tauern bis zur Silvretta und nach Norden hinaus ins Alpenvorland. Erstiegen wurde der Gipfel erstmals im Jahre 1870 von Hermann von Barth, der ebenfalls über das Schlauchkar hier herauf kam. Nach einer Rast am Gipfel wartet ein langer und serpentinenreicher Abstieg durch das Birkkar hinunter zur 1500 Höhenmeter tiefer gelegenen Kastenalm auf uns. Zunächst auf einem steilen Steig, später wieder über Geröll und schließlich auf gutem Pfad entlang des Birkkarbaches wandern wir hinab in den Talgrund des **Hinterautals** (1200 m).

Hier, am Fuße der höchsten Karwendelberge, beginnen die Wasser »unserer« Isar ihre Reise; allerdings ist der genaue Ursprung umstritten. Vielen Karten nach entspringt sie hier, etwas westlich vom Zusammenfluß von Birkkarbach, Moserkarbach und Lafatscherbach unterhalb des Tratenköpfls. Den längsten ihrer Quellbäche, den Lafatscherbach, der manchmal auch mit dem Namen Isar verzeichnet ist, verfolgen wir nun bis zu seinem Anfang zurück.
Auf den Almwiesen der Kastenalm zweigt der Wanderweg 224 zum Hallerangerhaus nach Süden von der Wirtschaftsstraße zur Almhütte ab. Die Kastenalm ist einfach bewirtschaftet, und den kurzen Umweg dorthin nehmen wir gern in Kauf, zumal uns eine kleine Stärkung jetzt zusteht. Immerhin haben wir heute schon einiges geleistet, doch der nun folgende Hüttenanstieg von etwa 500 Höhenmetern will auch noch bewältigt werden.
Nach der Rast auf der sehr schön gelegenen Alm geht's wieder zurück auf unseren Weg und dann gleich flott hinauf in Richtung Halleranger. Oberhalb des Lafatscherbaches wandern wir dann auf gutem Weg dahin und queren diesen schließlich. Die Flurbezeichnung hier lautet »Beim silbernen Hansl« und erinnert an die vielen Jahre, in denen Bergleute im Karwendel nach metallhaltigen Mineralien schürften. Von 1276 bis 1590 und sogar noch im Zweiten Weltkrieg grub man hier nach Zink und Blei. Auf der nördlichen Talseite erreichen wir bald die Lafatschalm. Von hier ist es nun nicht mehr weit, in knapp 45 Minuten sind wir am **Hallerangerhaus** (1768 m) angekommen. Auf den Wiesen oberhalb der Hütte Richtung Überschalljoch finden sich die kleinen Bäche und Quellen, die den Lafatscherbach und damit die obere Isar speisen. Das Überschalljoch bildet die Wasserscheide zwischen Inn und Isar. Morgen verlassen wir den Einzugsbereich der Isar endgültig und wandern hinab ins das Haupttal Tirols.

Das Kamerateam von »Bergauf – Bergab« (Bergsendung im Bayerischen Fernsehen-BR3) mit Horst, dem Wirt von der Hallerangeralm (rechts im Bild)

7 Vom Halleranger nach Wattens oder Hall

Ins tiefe Inntal: Hallerangerhaus – Lafatscherjoch – St. Magdalena – St. Martin – Wattens

mittel

18 km

5 1/2 Std.

↑400 m ↓1600 m

Tourencharakter: Leichte Bergwanderung, jedoch mit kräftezehrendem langen Abstieg.
Ausgangspunkt: Hallerangerhaus.
Endpunkt: Wattens oder Hall in Tirol.
Wanderkarte: Kompasswanderkarte 26 Karwendelgebirge, 1:50 000; Alpenvereinskarte 31/5, Innsbruck und Umgebung, 1:50 000.
Markierung: Wegmarkierung 223 über das Lafatscherjoch bis zum Issanger, Wegmarkierung 8 von St. Martin nach Wattens.
Verkehrsanbindung: Zugverbindung in Hall und Wattens, regelmäßig Nahverkehrszüge nach Innsbruck.
Einkehr: Gasthof St. Magdalena.
Unterkunft: Gasthof Zum Goldenen Adler, Innsbruckerstraße 1, A-6112 Wattens, Tel. 05224/5 22 55; Gasthof Badl, Innbrücke 4, A-6060 Hall in Tirol, Tel. 05223/5 67 84.
Tourist-Info: Fremdenverkehrsverband Wattens, Dr.-Felix-Bunzel-Straße 6, A-6112 Wattens, Tel. 05224/5 29 04; Fremdenverkehrsamt Hall, Wallpachgasse 5, A-6060 Hall in Tirol, Tel. 05223/5 62 69.

Atemberaubend ist der Blick von den Höhenzügen des Karwendels hinunter ins grüne Inntal. Auf nur 560 Metern liegt diese fruchtbare und dicht besiedelte Landschaft. Nach vielen langen und zum Teil schwierigen Wanderetappen laden uns die Städte Tirols zu einem Ruhetag ein, bevor wir uns weiter Richtung Alpenhauptkamm aufmachen.

Der Wegverlauf

Ziel des heutigen Wandertags ist entweder Wattens oder Hall in Tirol. Wanderer, die jeden Meter nach Venedig zu Fuß bewältigen möchten, steigen am besten nach **Wattens** ab. Von dort kann man sich direkt und ohne Hilfsmittel aufmachen zur Lizumer Hütte. Wer keine Vorbehalte hat, sich den Aufstieg vom Inntal mit Bus und Seilbahn zu erleichtern, wählt **Hall in Tirol** als Endpunkt. Bis fast ins Tal verlaufen beide Varianten jedoch gleich, erst bei der Bergkapelle auf etwa 900 Meter teilen sich die Wege. Vor dem langen Abstieg allerdings sind vom **Hallerangerhaus** zuerst noch gut 300 Höhenmeter Aufstieg zu absolvieren. Der Weg mit der Nummer 223 ist gut bezeichnet und leitet uns in etwas mehr als einer Stunde hinauf zum Durchschlag (1898 m) und zum **Lafatscherjoch** (2085 m). Bereits wenige Minuten nach dem Aufbruch schlängelt sich unser Pfad durch eine steile Schuttreißen aufwärts, vorbei an den hohen, gespaltenen Kalktafeln der

Schnitlwände. Hier im Durchschlag und später gegenüber den schottergefüllten Stempelkar erhalten wir Anschauungsunterricht über die gewaltigen Kräfte der Verwitterung. In den steindurchsetzten Matten und Hängen unterhalb des Lafatscherjoches äsen meist zahlreiche Gämsen. Oben auf dem Joch angekommen, tut sich ein beeindruckender Blick ins Tal und hinüber zum Alpenhauptkamm auf. Gemächlich steigen wir nun durch Latschen hinab ins liebliche Isstal. Am Issanger wenden wir uns dann nach links. Auf einem guten und abwechslungsreichen Weg, meist entlang des Issbaches, wandern wir dahin und treffen nach drei Stunden im Gasthaus **St. Magdalena** rechtzeitig zum Mittagessen ein. Wir vermeiden die Mautstraße durch das Tal, indem wir den Wanderweg auf der südlichen Talseite benutzen. Beide knicken nach Süden ab, schließlich endet der Wanderweg

7

bei einem Parkplatz. Nach etwa 500 Metern sehen wir links die **Bergkapelle** (886 m). Hier trennen sich nun die Wege, die uns entweder nach Wattens oder Hall bringen.

Variante nach Wattens: Bei der Bergkapelle verlässt man nach links die Straße, überquert den Bach, hält sich an der nächsten Abzweigung erneut links und stößt nach etwa einem Kilometer bei einem Parkplatz auf die Verbindungsstraße zwischen der Bettelwurfsiedlung und St. Martin. Hier biegen wir links ab und passieren die Walder Kapelle. Kurz darauf zweigt an einem weiteren Parkplatz der »Erholungsweg« nach **St. Martin** ab, auf dem wir nochmals etwa 100 Höhenmeter aufsteigen müssen. Die Kirche von St. Martin wurde schon im Jahre 1337 urkundlich erwähnt. Das nach einem Brand barockisierte Gebäude beherbergt reichen Stuck mit Fresken, die Szenen aus dem Leben des Heiligen zeigen. An ihr vorbei gelangen wir zurück zur Autostraße. Bei den letzten Häusern des Dorfes beginnt links der Weg Nr. 8 entlang des Bärenbachs im Farbental (in manchen Karten auch als Farmtal bezeichnet). Bis zum Bahnhof Fritzens-Wattens bleiben wir nun auf diesem Wanderweg. Hinter dem Bahnhof liegt die Innbrücke, auf der wir schließlich nach etwa 5 1/2 Stunden in den Ort **Wattens** hinübergehen. Die kleine Marktgemeinde hat dem Erholung suchenden Venedigwanderer einiges zu bieten. Neueste Attraktionen sind die Swarovski-Kristallwelten, ein Projekt von André Heller. Beim Freilichtmuseum »Himmelreich« handelt es sich um die Ausgrabung einer frühen Rätersiedlung. Die Grabungsstätte ist frei zugänglich, der Eintritt kostenlos. Daneben gibt es ein Museum für Vorgeschichte (Eisenwerkzeuge, Keramiken und Münzen) und Industriehistorie der ortsansässigen Betriebe Swarovski und Wattenspapier. Ein modernes Freibad rundet das Freizeitangebot ab.

Die gespaltene Schnitlwand am Durchschlag

Tipp

Zur Übernachtung für Venedigwanderer bietet sich in Hall der auf der südlichen Innseite gelegene **Gasthof Badl** an, den man über den Fußgängersteg erreicht. Zwar hat er nicht eben die schönste Lage, weil er zwischen Autobahn, Inn und einer weiteren, viel befahrenen Straße eingekeilt ist, aber es sind auch zwei wesentliche Vorzüge zu nennen. Erstens kann man im Haus gegen angemessene Gebühr um die Reinigung der verschmutzten Wäsche bitten. Zweitens fährt der Bus zur Seilbahnstation in Tulfes direkt vor dem Hotel ab.

7

Variante nach Hall: Auch hier verlassen wir die Straße an der Bergkapelle und überqueren den Bach, gehen aber an der Wegteilung nach rechts. Beim Wirtshaus Walderbrücke treffen wir jetzt auf die Straße nach St. Martin und wenden uns erneut nach rechts. Nach dem Ende einer Straßenschleife, der wir nun folgen, biegen wir links in die Ansiedlung hinein ab. Ganz gerade verläuft unsere Straße und hält dabei genau auf den Inn zu. Nach 1,5 Kilometern erreichen wir eine T-Einmündung. Wir halten uns links und gleich wieder rechts. Etwa einen Kilometer weiter endet diese ebenfalls schnurgerade Straße bei einem Krankenhaus. Rechts von uns liegt die Innenstadt von **Hall in Tirol**, in der wir nach etwas mehr als fünf Stunden Gehzeit ankommen. Nicht zu Unrecht wird das traditionsreiche Städtchen manchmal als das kleine tirolerische Nürnberg bezeichnet. Bis heute ist das Stadtbild mittelalterlich geprägt, obwohl 1670 ein heftiges Erdbeben einen Großteil der Häuser zerstörte. Seit dem 13. Jh. bis zur Betriebseinstellung 1967 war die Saline der wichtigste Lebensnerv von Hall. Heute lohnt sich ein Besuch im Bergbaumuseum, das diesem Erwerbszweig gewidmet ist. Die Burg Hasegg mit dem Wahrzeichen der Stadt, dem Münzerturm, beherbergte bis zu ihrer Stillegung im Jahr 1809 die landesfürstliche Münzstätte. Im Jahr 1975 wurde die »Alte Münze Hall« in Form eines Museums wieder eröffnet. Unter anderem wurde hier 1486 das Urstück des Talers geprägt. Die Pfarrkirche zum Hl. Nikolaus ist der älteste Kirchenbau des Ortes. Sie wurde im Jahr 1281 als spätgotische Hallenkirche errichtet, das Innere im Jahr 1751 dann barockisiert. Auch das Rathaus, das der Stadt 1406 vom Landesfürsten als so genanntes »Königshaus« geschenkt wurde, ist sehenswert, vor allem die getäfelte Bürgerstube und der alte Rathaussaal. Schlussendlich hat auch Hall ein modernes Freischwimmbad anzubieten, sogar mit Tennisplätzen und Minigolfanlage ausgestattet (Campingplatz nebenan).

8 Vom Inntal auf die Lizumer Hütte

In die Tuxer Voralpen: Wattens – Gasthaus Mühle – Gasthof Säge – Lager Walchen – Lizumer Hütte

mittel

16 km

7 Std.

↑1490 m
↓0 m

Tourencharakter: Wunderschöne, aber lange Wanderung über alte Wege und Steige, anstrengend durch die große Höhendifferenz; beim Aufstieg von Hall kann die Tour durch die Benutzung von Bus und Seilbahn erleichtert werden (Anstieg: 920 m).
Ausgangspunkt: Wattens oder Hall.
Endpunkt: Lizumer Hütte.
Wanderkarte: Alpenvereinskarte 31/5, Innsbruck und Umgebung, 1:50 000; Kompasswanderkarte 36 Innsbruck–Brenner, 1:50 000.
Markierung: Wegmarkierung 314 am Lizumer Zirbenweg, im Bereich des Wattentals Holzschilder.
Verkehrsanbindung: Bus und Bahnverbindung in Wattens und Hall.
Einkehr: Gasthäuser Mühle, Säge und Haneburger.
Unterkunft: Lizumer Hütte, OeAV-Sektion Hall in Tirol, Tel. 05224/5 21 11, geöffnet Mitte Juni bis Anfang Oktober.
Tourist-Info: Fremdenverkehrsverband Wattens, Dr. Felix-Bunzl-Straße 6, A-6112 Wattens, Tel. 05224/5 29 04; Fremdenverkehrsverband Hall in Tirol, Wallpachgasse 5, A-6060 Hall in Tirol, Tel. 05223/5 62 69.

Heute machen wir uns auf in die Zentralalpen. Zunächst gilt es, die vielen Höhenmeter, die wir beim Abstieg vom Karwendel verloren haben, wieder zu gewinnen. Die uralte Kulturlandschaft des Inntals lassen wir hinter uns. Urgestein und schneebedeckte Gipfel bestimmen das Bild am Ende dieser Tagesetappe.

Gelber Enzian

Der Wegverlauf

Je nachdem, welchen Zielort wir am Vorabend angesteuert haben, bieten sich uns am achten Wandertag zwei ganz unterschiedliche Wegvarianten an. Die Hauptroute verläuft von Wattens über das Wattental und den Lizumer Zirbenweg zur Lizumer Hütte. Von Hall aus geht's per Bus und Seilbahn zur Tulfeinalm und von dort über das Naviser Jöchl zum Tagesziel.

Variante Wattens: Beim Kartenstudium zur heutigen Etappe

8

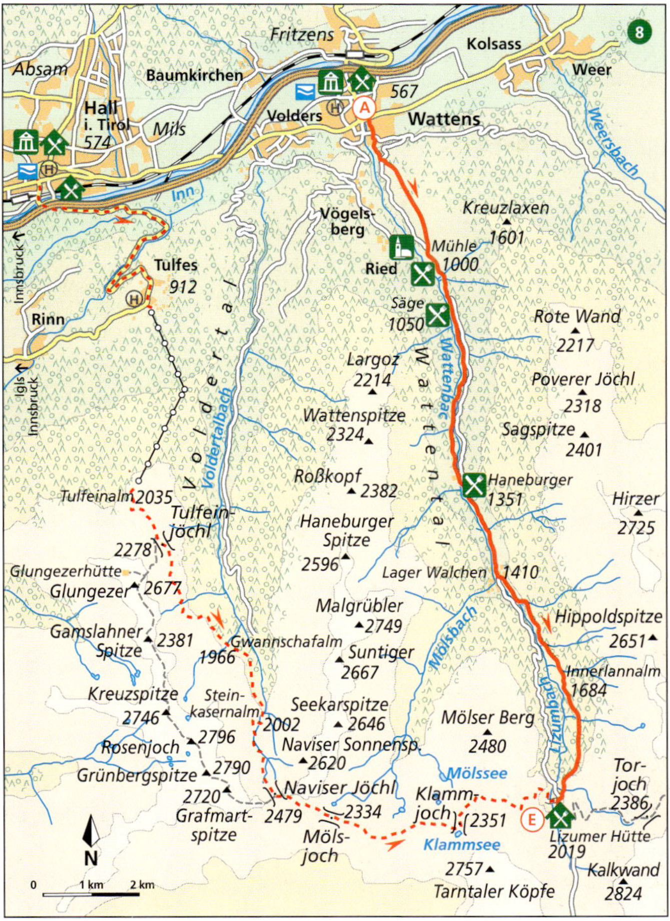

gewinnt man unweigerlich den Eindruck, dass das Lager Walchen von Wattens nur auf der Straße zu erreichen ist. In den letzten Jahren wurden jedoch von engagierten Einheimischen die alten Wege im Wattental genau erkundet und markiert. Noch sind diese Pfade auf keiner Karte verzeichnet. Wir verdanken ihnen allerdings heute einen besonders interessanten und reizvollen Wegverlauf, der alles andere als ein Pflichtprogramm ist.

Ausgangspunkt ist die Laurenziuskirche in der Ortsmitte. Wir verlassen den Ort Richtung Süden auf der Langen Gasse. Wo die Wat-

8

tentalstraße nach links zu ihrer ersten großen Serpentine abknickt, halten wir uns auf einem kleinen asphaltierten Weg rechts (Schild Kreuzweg). Der Kreuzweg ist Pater Jakob Gapp gewidmet. Er hatte 1939 in einer Predigt den nationalsozialistischen Staat scharf angegriffen und musste deshalb nach Spanien fliehen, wo man ihn jedoch später verhaftete. 1943 wurde der Geistliche dann in Berlin-Plötzensee enthauptet. Papst Johannes Paul II. hat ihn 1996 als Märtyrer des Glaubens selig gesprochen. Nach wenigen Metern wird der Kreuzweg zu einem schmalen Pfad (Beschilderung Kirchsteig und Kreuzweg), der sich zunächst nach rechts über eine schmale Brücke in Serpentinen und dann durch einen alten Hohlweg den Hang emporwindet. An der zwölften Station erreichen wir wieder die Wattentalstraße, die wir aber beim Ortsschild Keilfeld und dem Wegweiser »Schirmer« sofort wieder nach links verlassen. Nach dem ersten Haus biegen wir in die Erzgasse rechts ab. Das schmale Teersträßchen steigt sanft den Hang hinauf; auf der linken Seite kommen ein uraltes Holzhaus und eine kleine, sehenswerte Holzkapelle in Sicht. Bei der nächsten Gabelung wenden wir uns nach links in die Sackgasse. Bald verliert sich das Teersträßchen in einen schmalen, von Holzzäunen begrenzten Steig, auf dem wir den Hang hinaufwandern. Von der ersten Abzweigung nach rechts las-

Blick von Südosten auf Hall im Inntal und das Karwendel

8

Tipp Wer genügend Zeit hat, kann den Aufstieg von Hall durch eine wunderschöne **Gratwanderung** bereichern, benötigt dann aber einen weiteren Tag. Man steigt am ersten Tag auf die Glungezerhütte auf (vom Tulfeinjöchl ca. 1 Std., Weg 333) und übernachtet dort. Am nächsten Tag überquert man Glungezer, Gamslahner Spitze, Kreuzspitze, Rosenjoch, Grünbergspitze und Grafmartspitze auf dem Weg zum Naviser Jöchl. Für diese Überschreitung ist mit fünf bis sechs Stunden zu rechnen. Anschließend erreicht man wie oben beschrieben die Lizumer Hütte (ca. 9 Std. von der Glungezerhütte). Selbst mit Bus und Lift ist diese Tour nicht an einem Tag zu schaffen, weil man wegen der Fahrzeiten nicht früh genug am Grat ankommt.

sen wir uns nicht beirren. Nach wenigen Minuten kommt dann die Böschung einer Fahrstraße in Sicht. Hier gabelt sich der Pfad erneut. Geradeaus wandern wir Richtung Ortsmitte Ober- und Innerberg und finden uns nach wenigen Schritten auf der Straße wieder. Auf fast gleicher Höhe erreichen wir das schöne, alte Holzhaus mit der Nummer 20 an der linken Straßenseite.

Wir verlassen die Straße, die jetzt abfällt und spazieren auf dem schmalen Pfad bergauf, der links nach der Garagenzufahrt hinter dem Haus beginnt. Am Haus Nummer 166 mündet der Pfad in einen asphaltierten Weg, der bald eine Straße quert. Weiter geradeaus steigen wir hinauf, ein Schild »Gehweg zum Gemeindeamt« weist uns den Weg. Beim Haus 22 a beginnt links abermals mit Holzstufen ein alter Steig, der schließlich beim Gemeindeamt (1000 m) wieder zu einer Straße wird. Auf fast gleicher Höhe wandern wir taleinwärts, der Blick zurück auf das Karwendel und ins Inntal ist atemberaubend. Unseren Abstiegsweg des Vortags können wir genau ausmachen.

Vorbei an der Spiltner Kapelle mit ihrer bunten Fassade führt uns die Straße schließlich wieder zur Wattentalstraße zurück und in fünf Minuten zum **Gasthaus Mühle** (1 1/2 Std.). Nur für etwas weniger als einen Kilometer müssen wir jetzt den Autoverkehr auf der Wattentalstraße in Kauf nehmen, dann zweigen wir nach rechts in den Talgrund zum **Gasthof Säge** (1000 m) ab. Dort beginnt am Haus der schattige alte Talweg durch die Wälder entlang des Wattenbachs. Haus und Sägewerk bleiben rechts zurück. Nach einem kurzen Aufstieg – den Holzweg nach rechts ignorieren wir – erreichen wir erneut eine Abzweigung. Die Beschilderung »Hauptweg ins Tal bis 1912« leitet uns hier nach rechts. Der alte Wirtschaftsweg wird zu einem breiten bemoosten Pfad. Bald müssen wir links auf einem schmalen Steiglein

8

Die Lizumer Hütte von der Sektion Hall in Tirol

den Hang hinauf, wohin uns das originelle Schild mit den Worten »talauf« und dem spiegelverkehrt geschriebenen »talab« schickt. Nach einer kleinen Holzbrücke wird unser Steig erneut breiter und lässt den alten Wirtschaftsweg wieder erkennen. Zunächst entfernen wir uns vom Bach, aber bei der nächsten Kreuzung mit der Ausschilderung »Bachgrubenweg« halten wir nach rechts wieder auf ihn zu. Nur einige Meter steigen wir bergab, danach wenden wir uns nach links auf den Bachgrubensteig. Er wird immer schmaler und ist schließlich nur mehr ein rot-weiß markierter Trampelpfad durch den Bergwald. Rechts und links zweigen Jägerpfade ab; wir wandern jedoch immer geradeaus dahin. Schließlich treffen wir bei einer Lichtung auf eine Forststraße. Diese verläuft steil nach rechts hinunter zur Brücke über den Bach und am linken Ufer, an dem wir ab jetzt die Wanderung fortsetzen, ebenso steil wieder hinauf zu den Almhäusern der Melcher Ast. Hier lassen wir uns nicht verleiten, nach rechts den Hang hinaufzusteigen (Sackgasse!), sondern gehen geradeaus, zwischen Haus und Stall hindurch, über die Wiese auf das nächste Almhaus zu, wo wir nach rechts auf einem Wirtschaftsweg in einer großen Serpentine den Hang erklimmen. Gemächlich steigt nun der sonnige Weg ins Wattental hinauf, am Haus Waldrausch fällt er wieder ab zum Bach und in den kühlen Bergwald. Wir bleiben immer auf der rechten Talseite und wandern auf den Wirtschaftswegen weiter taleinwärts. Beim nächsten Wohnhaus, das wir passieren, halten wir uns halb links und steigen nicht zu den höher gelegenen Wirtschaftsgebäuden auf. Am Wehr des Baches vorbei erreichen wir schließlich die Brücke hinüber zum **Gasthaus Haneburger** (1351 m, 4 Std. von Wat-

8

tens). Zwar könnten wir auch auf der rechten Talseite weitergehen, jedoch ist es ab hier müheloser, auf der Fahrstraße in knapp 30 Minuten zum **Lager Walchen** (1410 m) zu wandern. Hier trennen wir uns erneut von der Straße. Der mit der Nummer 314 ausgewiesene Weg leitet uns weiter Richtung Innerlannalm, knickt jedoch an einer Wegteilung einige Gehminuten davor nach links ab. Ein Hinweisschild an einem Holzhaus lotst uns jetzt nach rechts auf den Lizumer Zirbenweg. Dieser Weg war ursprünglich der einzige durch das Wattental in die Lizum und ist mit der Errichtung der Fahrstraße auf der gegenüberliegenden Talseite völlig in Vergessenheit geraten. Durch alte Zirbenbestände erreichen wir schließlich unser Tagesziel, die Lizumer Hütte (2019 m, 2 1/2 Stunden Gehzeit vom Lager Walchen).

Variante Hall: Für einen Aufstieg von Hall auf die Lizumer Hütte würde man zu Fuß mehr als zwölf Stunden benötigen. Benutzt man Bus und Lift als Aufstiegshilfen, verkürzt sich die Tour aber auf etwa 7 1/2 Stunden Gehzeit. In **Hall** fährt vom Bahnhof oder vom Gasthof Badl ein Bus nach **Tulfes** zur Talstation des Sessellifts (Haltestelle Tulfes Raika). Der Lift transportiert uns anschließend auf die 2035 Meter hoch gelegene Tulfeinalm. AV-Mitglieder erhalten eine Ermäßigung auf den Fahrpreis des Lifts.

Von der **Tulfeinalm** steigen wir auf dem vom Skibetrieb arg zerschundenen Berg bis zum Tulfeinjöchl (2278 m) auf. Von dort wandern wir auf dem Weg 331 hinunter ins Volderbachtal. Der Gipfel des Glungezers bleibt westlich liegen. Ein luftiges Steiglein leitet uns vorbei an der entlegenen und wasserumtosten Gwannschafalm zur Steinkasernalm im Talschluss und von dort weiter auf einem wenig begangenen Weg zum **Naviser Jöchl** (2479 m, 4 1/2 Std.). Von hier erreichen wir die **Lizumer Hütte** (2019 m) in etwa drei Stunden. Dafür steigen wir zunächst zum Mölsjoch ab (Markierung 27 bzw. 327) und folgen dann größtenteils breiten Militärstraßen, die ein zügiges Ausschreiten ermöglichen. Das ganze Gebiet wird vom österreichischen Bundesheer als Übungsplatz benutzt. Gleich neben der Lizumer Hütte befindet sich eine große Kasernenanlage. Von den höher gelegenen Muliställen führt ein Abkürzer direkt zur Hütte (auf Materiallift achten!). Steigt man dagegen auf der Straße zur Hütte ab, hat man einen zusätzlichen Bogen zu laufen und muss außerdem noch das Kasernengelände umgehen.

9 Zum Tuxer-Joch-Haus

Über einsame Wiesen: Lizumer Hütte – Pluderlingsattel – Junssee – Tote Böden – Gschützspitzsattel – Tuxer-Joch-Haus

mittel

11 km

7 Std.

↑1150 m ↓880 m

Tourencharakter: Lange Bergtour, Aufstiege teilweise mühsam, steile Abstiege erfordern Trittsicherheit.
Ausgangspunkt: Lizumer Hütte.
Endpunkt: Tuxer-Joch-Haus.
Wanderkarte: Kompasswanderkarte 37 Zillertaler und Tuxer Alpen, 1:50 000.
Markierung: Wegbezeichnung 323.
Verkehrsanbindung: Keine.
Einkehr: Keine.
Unterkunft: Tuxer-Joch-Haus, ÖTK, Tel. 05287/8 72 16, geöffnet Mitte Juni bis Anfang Oktober.
Tourist-Info: Tourismusverband Tux, Lanersbach 472, A-6293 Tux, Tel. 05287/85 06.

Einsam ist der Weg von der Lizumer Hütte zum Tuxer Ferner. Umso überraschender ist der rege Betrieb im Sommerskigebiet auf dem Gletscher, den wir von unserem Tagesziel, dem Tuxer-Joch-Haus, beobachten können.

Der Wegverlauf

Unser erstes Zwischenziel heute ist der Pluderlingsattel, den wir von der **Lizumer Hütte** aus auf dem Wanderweg 323 erreichen. Er verläuft entlang der östlichen Talseite. Das Wirtschaftssträßchen, das direkt vom Haus weg in die Lizumer Böden führt, lassen wir rechts liegen. Kurz vor dem Sattel wird der anfangs gemütliche Weg steil, und die letzten Meter hinauf sind mühevoll und schweißtreibend. Der Blick vom **Pluderlingsattel** (2743 m, knapp 2 1/2 Std.) entschädigt uns jedoch für die Anstrengung: Die Aussicht auf den nahen Tuxer Hauptkamm, die Hohen Tauern, auf die Ötztaler Gletscherberge und zurück zu den hellen

Am Tuxer-Joch-Haus, Blick zum Olperer, Gefr. Wand und Friesenbergscharte

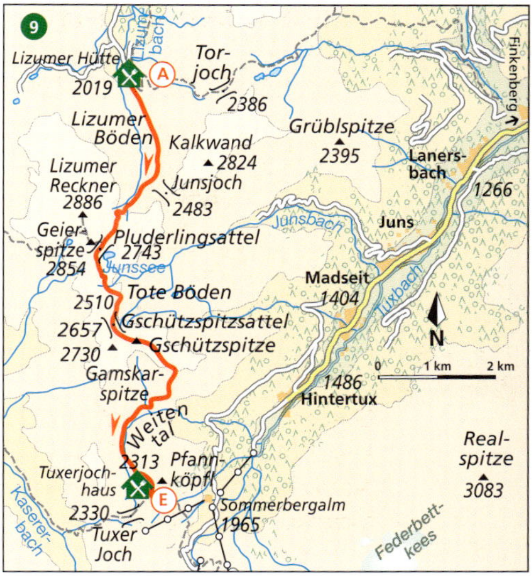

Kalkwänden des Karwendels ist überwältigend. Wer noch höher hinaus will, kann von hier aus in wenigen Minuten der leicht zu erklimmenden Geierspitze (2854 m) einen Besuch abstatten. Der Abstiegspfad auf dem schiefrigen Gestein hinunter zu den Toten Böden ist schmal und der Hang in Richtung Junssee sehr steil. Die kargen und teils feuchten Matten geben für die Almwirtschaft nichts her, für den Botaniker hingegen sind sie eine Fundgrube seltener Polsterpflanzen. Fern menschlicher Betriebsamkeit verträumt der **Junssee** am Fuß der Pluderlinge die Zeit. Hinüber zum Gschützspitzsattel halten wir uns immer an die rechten Berghänge, vorbei an den **Toten Böden**, die sich Richtung Hochwartspitze erstrecken. Der **Gschützspitzsattel** (2657 m) ist die tiefste Einsenkung am gegenüberliegenden Bergkamm. Nach dem zweiten steilen Aufstieg – von Sattel zu Sattel benötigen wir etwa zwei Stunden – sehen wir erstmals das Tuxer-Joch-Haus, unser Tagesziel. Es liegt 350 Meter unter uns am Ende des ansteigenden Weitentales. Vom Gschützspitzsattel hinunter ins Tal führt der Abstieg zu den Wiesenhängen unterhalb der Gschützspitze, also in Richtung Osten und Südosten. Wenn wir nach nicht ganz 1 1/2 Stunden unten im Weitental auf den breiten und bequemen Weg stoßen, der nach rechts zur Hütte führt, haben wir unser Tagwerk für heute im Wesentlichen vollbracht. Die restlichen 300 Höhenmeter dorthin sind jetzt nur noch ein gemütlicher Spaziergang, den wir in einer Stunde bewältigen. Die Lage des Tuxer Joches gegenüber den eisgepanzerten Bergmajestäten Olperer, Gefrorene Wand und Hoher Riffler ist beeindruckend schön, und wir dürfen uns auf einen geruhsamen Bergabend in dem neu renovierten **Tuxer-Joch-Haus** (2313 m) freuen.

10 Auf die Dominikushütte

Über Gletschereis: Tuxer-Joch-Haus – Spannagelhaus – Friesenbergscharte – Friesenberghaus – Dominikushütte

anspr.

12 km

6 Std.

↑830 m
↓1340 m

Tourencharakter: Hochalpine Bergtour auch über Gletscherausläufer, Abstieg teilweise drahtseilversichert, Trittsicherheit erforderlich; Orientierung bei schlechten Sichtverhältnissen problematisch.
Ausgangspunkt: Tuxer-Joch-Haus.
Endpunkt: Dominikushütte.
Wanderkarte: Kompasswanderkarte 37 Zillertaler und Tuxer Alpen, 1:50 000.
Markierung: Wegmarkierung 326 und 526.
Verkehrsanbindung: Busverbindung an der Dominikushütte (Parkplatz Schlegeisspeicher) mehrmals täglich nach Mayrhofen.
Einkehr: Spannagelhaus, Friesenberghaus.
Unterkunft: Dominikushütte, Fam. Eder, A-6296 Ginzling, Tel. im Sommer: 05286/52 16, Tel. im Winter: 05286/53 35, geöffnet von Mai bis Oktober (Warmwasser, Duschmöglichkeit); Olpererhütte, DAV Sektion Berlin, Tel. 0664/370 67 09, geöffnet Anfang Juni bis Anfang Oktober.
Tourist-Info: Tourismusverband Mayrhofen, Dursterstraße 225, A-6290 Mayrhofen, Tel. 05285/6 7 60.

Auf unserem Weg von München nach Venedig passieren wir heute das erste und einzige Mal das ewige Eis der Gletscher, wenn wir mit der Friesenbergscharte (2910 m) den höchsten Punkt der gesamten Wegstrecke überschreiten. Besondere technische Schwierigkeiten erwarten uns nicht, daher können wir uns – gutes Wetter vorausgesetzt – auf eine erlebnis- und aussichtsreiche Bergfahrt freuen.

Ausblick von der Friesenbergscharte auf den gleichnamigen See mit Haus; darüber der Große Möseler, 3478 m

10

Tipp

Eine abenteuerliche Führung mit interessantem Besichtigungsprogramm kann man in der Spannagelhöhle erleben, deren Eingang direkt beim gleichnamigen Schutzhaus zu finden ist. Als geologische Besonderheit verläuft hier eine im Urgestein des Alpenhauptkammes eingebettete Marmorschicht. Während der einstündigen Höhlentour besichtigt man verschiedene Sinterbildungen, Tropfsteine, Kristalle, farbige Marmore und anderes (ganzjährig geöffnet).

Der Wegverlauf

Nach dem Aufbruch vom **Tuxer-Joch-Haus** wandern wir nun zunächst auf der Zufahrtsstraße zur Hütte bergab in Richtung Sommerbergalm. Der schmale Pfad zum Spannagelhaus (Wegmarkierung 326) zweigt nach nicht ganz zehn Minuten ungefähr auf halber Strecke zur Alm rechts ab. Er ist sehr leicht zu übersehen, also aufgepasst! Nun wandern wir gemächlich auf den Tuxer Ferner zu. Die imposanten Wände der Lärmstange und des Kaserers begrenzen im Westen das Gletscherbecken. Das Gefrorene-Wand-Kees und das Große Riepenkees bilden zusammen die über sechs Quadratkilometer umfassende Fläche des Hintertuxer Gletschers. 110 Meter stark an der tiefsten Stelle und bis zu 1000 Jahre alt ist das Eis, dem wir jetzt entgegenstreben. Zahllose Liftanlagen transportieren die Skibegeisterten zu jeder Jahreszeit in die Eisregion. Kurz nachdem wir vom Fahrweg abgebogen sind, unterqueren wir als erstes die Tuxer-Joch-Lifte. Etwa 15 Minuten später treffen wir auf die Zufahrtsstraße zum Spannagel- und Tuxer-Ferner-Haus, in die wir rechts einschwenken.

Vorbei an gerade erst dem Gletscher entsprungenen Bächen und unter den Anlagen der Kaserer-Lifte und des »Gletscherbus II« hindurch ist der Anstieg zum Spannagel-Haus in einer Stunde geschafft. Müheloser gelangt man hierher unter Benutzung der letztgenannten Kabinenseilbahn, des Gletscherbusses. Hierzu verlassen wir die Fahrstraße zum Tuxer-Joch-Haus nicht, sondern folgen ihr bis zur Sommerbergalm, wo wir uns unter die Skifahrer mischen und mit der 1996 errichteten, sehr modernen Bahn zum Tuxer-Ferner-Haus schweben (Betriebszeiten täglich 8:15–16:30 Uhr). Von dort sind es nur wenige Schritte bergab zum Spannagelhaus. Die Zeitersparnis bei Bahnbenutzung beträgt allerdings höchstens eine Stunde, da sowohl unten beim Einstieg in die Bahn als auch an der Endstation zusätzliche Wegstrecken zu gehen sind (mit Seilbahnbenutzung 5 Std.).

Vom **Spannagelhaus** aus führt ein zumindest anfangs mit der Markierung 526 gut bezeichneter Weg zur Friesenbergscharte. Auf ei-

10

ner kleinen, abenteuerlichen Hängebrücke aus Holz queren wir bald nach dem Schutzhaus einen Gletscherbach. Im ersten Wegteil geht's über Blockwerk eher gemütlich bergan, später stapfen wir über Firnschnee und Geröll, das den östlichen Ausläufer des Gefrorenen-Wand-Keeses teilweise bedeckt, steiler hinauf. Wegmarken sind im letzten Teil des Aufstiegs kaum noch auszumachen, deswegen halten wir bei guter Sicht nach dem Markierungspfosten im Schartendurchgang Ausschau, auf den wir direkt zusteuern. Bei schlechter Sicht allerdings ist der mannsbreite Übergang zwischen den steilen Felszacken nicht ganz so einfach zu finden. Am Scheitelpunkt der **Friesenbergscharte** öffnet sich ein neuer, entzückender Ausblick. Wie ein Auge in der Landschaft schaut der Friesenbergsee neben der kleinen Berghütte herauf. Dahinter erstrecken sich zu beiden Seiten des Greinerkammes die tiefen Furchen des Zemmgrundes und Schlegeisgrundes. Der Abstieg auf der anderen Seite beginnt steil und ist mit Klammern und Drahtseilen versehen, doch haben wir dieses Teilstück bereits nach wenigen Minuten hinter uns gebracht. Bei der Weggabelung, auf die wir hier gleich unweit der Scharte treffen, halten wir uns links Richtung **Friesenberghaus** (nach rechts Abzweigung zur Olpererhütte, siehe auch unten). Die Einkehr dort nutzen wir diesmal nicht ausschließlich zur Erfrischung, sondern sie sollte uns auch Gelegenheit zu einer kurzen Besinnung sein über die wechselvolle Geschichte dieser Hütte und der Menschen, die sie erbaut haben. In den Jahren 1921 bis 1924 beginnt das dunkelste Kapitel der alpinen Vereine mit der zunehmenden Ausgrenzung der jüdischen Bergfreunde und allen, die zu ihnen hielten. Vor allem norddeutsche Sektionen, insbesondere die Sektion Berlin, wehrten

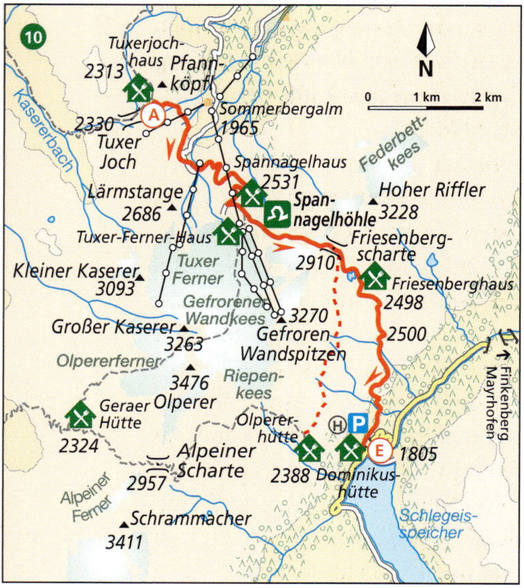

10

Wetterumschwung an der Olpererhütte

sich bis zuletzt gegen die angestrebte Arisierung des DÖAV. Letztendlich wurden die unerwünschten Bergkameraden jedoch ausgeschlossen und durften vorhandene Schutzhütten nicht mehr betreten. Sie waren daher gezwungen, eigene zu errichten, zu denen das 1931 fertig gestellte Friesenberghaus gehört. Im Jahre 1938 wurde das Haus schließlich enteignet und der Wehrmacht überlassen, die es als Ausbildungsstätte nutzte. Nach dem Krieg erhielten die ehemaligen Besitzer das Friesenberghaus zurück, doch zu wenige hatten die Herrschaft der Nationalsozialisten überlebt. Deshalb wurde das Friesenberghaus 1968 der Sektion Berlin anvertraut, die es bis heute betreibt.

Nach unserer Rast schlendern wir auf dem sehr bequemen und gepflegten Weg 532 in knapp zwei Stunden zu unserem Übernachtungsdomizil, der neuen **Dominikushütte** am Schlegeisspeicher. Das alte Haus musste den Fluten weichen, als der Stausee 1972 fertig gestellt wurde. Bei einem Abendspaziergang zur Staumauer können wir uns anhand der dort aufgestellten Hinweistafeln über technische Details des künstlichen Sees informieren, der ein bisschen an einen norwegischen Fjord erinnert. Alternativ steht mit der Olpererhütte eine weitere, wenn auch weniger komfortable Übernachtungsmöglichkeit zur Verfügung. Wir erreichen sie in etwa zwei Stunden über ein Teilstück des beliebten Berliner Höhenwegs (Markierung 526), indem wir uns an der oben beschriebenen Wegteilung nach rechts wenden.

11 Von der Dominikushütte nach Stein

Nach Südtirol: Dominikushütte – Pfitscher-Joch-Haus – Stein

leicht

14 km

4 Std.

↑470 m
↓700 m

Tourencharakter: Leichte Bergwanderung.
Ausgangspunkt: Dominikushütte.
Endpunkt: Stein.
Wanderkarte: Kompasswanderkarte 37 Zillertaler und Tuxer Alpen, 1:50 000.
Markierung: Wegmarkierung 524, 3.
Verkehrsanbindung: Busverbindung in St. Jakob, etwas unterhalb von Stein.
Einkehr: Pfitscher-Joch-Haus, Lavitzalm (wenige Gehminuten vom Weg); Proviant kann in beschränktem Umfang im Kiosk am Zamser Gatterl eingekauft werden, keine Einkaufsmöglichkeiten in Stein.
Unterkunft: Pension Bartlhof, Fam. Messner, I-39040 Stein, Tel. 0472/63 01 28; Gasthaus Stein (Albergo Sasso), Fam. Holzer, I-39040 Stein, Tel. 0472/63 01 30, Pfitscher-Joch-Haus, geöffnet Mitte Juni bis Anfang Oktober, Tel. 0472/63 01 19 oder 0472/63 02 00.
Tourist-Info: Verkehrsverein Pfitsch, Stadtplatz 3, I-39049 Sterzing, Tel. 0472/76 53 25.

Nach elf Wandertagen auf der Nordseite der Alpen überschreiten wir heute auf dem beliebten und gut frequentierten Wanderweg zum Pfitscher Joch den Alpenhauptkamm und damit die Staatsgrenze von Italien. »Wie die Kugel rollt und das Wasser fließt« wurde einst nach dem Ersten Weltkrieg die Grenze gezogen und Tirol damit zweigeteilt. Dass diese Grenze einmal schwer be-

Rotes Beil, 2949 m; links etwas verdeckt das Gliederschartl, 2644 m

wacht war und überhaupt erst seit 1973 von Fußgängern offiziell passiert werden kann, daran erinnert heute nur noch ein leer stehendes Grenzhäuschen.

Der Wegverlauf

Den heutigen Tag können wir gemütlich angehen, denn wir haben nur eine Halbtagestour vor uns. Von der **Dominikushütte** aus folgen wir der Straße entlang des Speichersees bis zur Brücke am Zamser Gatterl. Auf der südöstlichen Bachseite wandern wir auf gutem Weg (Markierung 524) bequem in etwa zwei Stunden zum lang gestreckten Sattel des Pfitscher Jochs hinauf. Übrigens sahen ursprüngliche Planungen vor, die Straße durch das Pfitschertal über das Joch bis nach Österreich zu verlängern. Zum Glück für uns Fußgänger wurde diese Idee nie verwirklicht. Für eine Rast im **Pfitscher-Joch-Haus** (2248 m) hier oben ist heute allemal Zeit. An der Südostseite des Gebäudes beginnt dann das Steiglein mit der Wegnummer 3 für den Abstieg ins Pfitschertal. Vorbei an dem kleinen Jochsee steigen wir einen Hang hinunter, um bald darauf die Fahrstraße zu queren. Mit Hilfe der rot-weißen Markierungen ist der Pfad über Matten und Wiesen, durch Wald und über kleine Bachläufe leicht auszumachen. Die Ausblicke zu den Hängegletschern des Hochferners und der Weißkarspitzen, hinüber zum Roten Beil (Wanderrichtung des nächsten Tages) und hinaus ins Tal sind faszinierend. Die reiche Bergflora, knorrige Wetterfichten und mächtige Felsblöcke runden das Naturszenarium ab. Noch zwei weitere Male überqueren wir die Passstraße. Gegen Ende unseres Weges führt uns ein Steg über einen tosenden Bergbach, dessen Ursprung im Langsee oben auf dem Joch liegt. Jetzt trennen uns nur noch ein paar Schritte durch Wald und über eine Bergwiese vom Tagesziel, dem Weiler **Stein** (1535 m).

12 Von Stein nach Pfunders

Die Schmuggler-Etappe: Stein – Gliderschartl – Grindler See – Engbergalmen – Dun – Pfunders

mittel

16 km

7 1/2 Std.

↑1100 m
↓1500 m

Der Hochfeiler, 3510 m, umgeben von (l.) Weißkar- und Gliderferner. Standpunkt: Gliderschartl

Tourencharakter: Lange, aber insgesamt unschwierige Bergtour mit anstrengendem Auf- und Abstieg.
Ausgangspunkt: Stein.
Endpunkt: Pfunders.
Wanderkarte: Tabacco 11 Sterzing/Wipptal, 1:50 000; Kompasswanderkarte 37 Zillertaler und Tuxer Alpen, 1:50 000 (Abdeckung bis Grindler See); der neu markierte Aufstiegsweg zur Gliderscharte ist in der Tabaccokarte nicht eingezeichnet, auch die Kompasskarte gibt den Wegverlauf nicht exakt wieder.
Markierung: Wegmarkierungen 1, 20, 19, 13.
Verkehrsanbindung: Busverbindung in Pfunders.
Einkehr: Gasthof Heubadl in Dun; Lebensmittelmarkt in der Ortsmitte von Pfunders in der Nähe der Kirche.
Unterkunft: Gasthof Brugger, Lärchstraße 12, Tel. 0472/54 91 55; Pension Erlenau, Lärchstraße 21, Tel. 0472/54 91 18; Gasthof Lärcher am Ortseingang, Tel. 0472/54 91 15; alle in I-39030 Pfunders; Gasthof Heubadl in Dun, Dunerstraße 12, I-39030 Vintl, Tel. 0472/54 92 46.
Tourist-Info: Tourismusverein Vintl/Pfunderertal, J.-A.-Zoller-Straße 4, I-39030 Vintl, Tel. 0472/86 91 00.

Einsam und selten begangen ist der Weg über das Gliderschartl. Vor allem Schmuggler schätzten diese Pfade – sogar noch bis in unsere Zeit hinein.

Der Wegverlauf

Von **Stein** aus wandern wir zunächst auf der Straße abwärts, biegen bei der ersten Abzweigung nach links auf die Fahrstraße zum Pfitscherjoch und folgen ihr bis zur dritten Kehre. Dort verlassen wir diese geradeaus auf dem markierten Weg Nr. 1 Richtung Hochfeilerhütte. Bei den verfallenden und umwucherten Unterberghütten zweigt rechts der weiterhin deutlich bezeichnete Steig in das Tal des Gliderbachs ab. Auf der linken Bachseite durchwandern wir das Tal zwischen Gamsstetten und Pletzenspitze bis zur Brücke, auf der wir das Bächlein queren.

Schließlich trennt sich unser Weg vom Bach und wendet sich dann über eine Schulter verlaufend dem weltentrückten **Gliderschartl** (2644 m) zu. In knapp vier Stunden ist der Aufstieg geschafft.

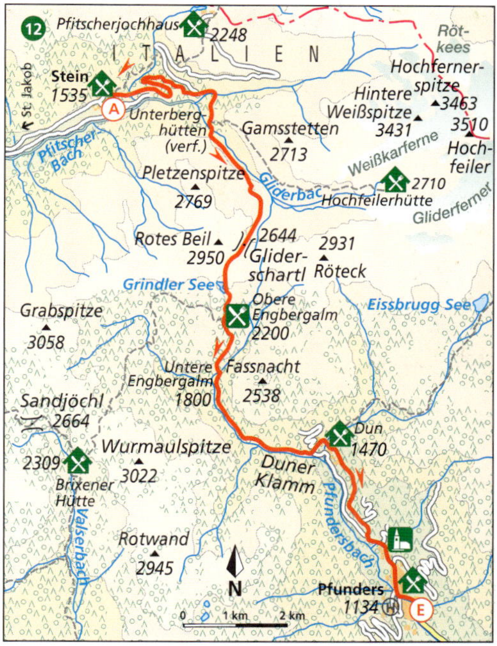

Nach dem Joch fällt das Gelände sanft in eine kleine Hochfläche ab, in die der **Grindler See** (auch Sillwellersee genannt) eingebettet ist. Am Abfluss des Sees beginnt der deutlich gekennzeichnete Abstiegspfad mit der Nummer 20. Vorbei an der Oberen Engbergalm, der Unteren Lapaalm und der Unteren **Engbergalm** streben wir über die ausgedehnten und durch die intensive Almwirtschaft teilweise auch stark beschädigten Weideflächen des Weitenbergtals der Duner Klamm zu. Auf einer gut ausgebauten Wirtschaftsstraße passieren wir diese zügig und erreichen nach einer Abstiegszeit von etwa 2 1/2 Stunden schließlich den Weiler **Dun** (1470 m). Unser Weg trifft auf die Autostraße ins Tal, der wir jetzt aufwärts, d. h. nach links folgen. Am gegenüberliegenden Hang verläuft der Weg Nummer 13; erst dort biegen wir nach rechts Richtung Süden und damit talauswärts ab. Unser Weg ist mit rot-weiß-roten Farbmarken versehen und führt hoch über dem Pfunderer Bach, angelehnt an eine Felswand und über einige Brücken abwärts. Bei den kreuzenden Teersträßchen suchen wir uns jeweils auf der gegenüberliegenden Seite die Fortsetzung unseres schmalen Steiges (auf Markierungen achten!). An einer Kapelle vorbei erreichen wir schließlich eine Teerstraße, auf der wir nach rechts endgültig ins Tal hinab steigen. Links liegt nun der kleine Ort **Pfunders** (1134 m, von Dun 1 Std.).

13 Von Pfunders auf die Lüsener Alm

Durch den Rodenecker Wald: Pfunders – Niedervintl – Ronerhütte – Lüsener Alm – Kreuzwiesenhütte

Schwierigkeit	mittel
Strecke	23 km
Dauer	7 Std.
Höhenmeter	↑ 1200 m ↓ 500 m

Tourencharakter: Leichte, aber lange Wanderung mit mühevollem Aufstieg.
Ausgangspunkt: Pfunders.
Endpunkt: Kreuzwiesenhütte.
Wanderkarte: Kompasswanderkarte 56 Brixen/Bressanone, 1:50 000; Kompasswanderkarte 615 Brixen/Bressanone, 1:25 000 (dringend ratsam für die Wegvariante über die Lüsener Alm).
Markierung: Wegmarkierung 13, 4A, 14, 2A.
Verkehrsanbindung: Bus und Bahn in Niedervintl, Bus in Lüsen.
Einkehr: Niedervintl, Ronerhütte.
Unterkunft: Kreuzwiesenhütte, Tel. 0472/41 37 14 (Tal, Hütte über Handy 0333/7 48 48 80 erreichbar), geöffnet Mitte Juni bis Mitte Oktober; Rastnerhütte, Tel. 0472/54 64 22, geöffnet Pfingsten bis Ende Oktober; Starkenfeldhütte, Tel. 0472/45 41 47, geöffnet Anfang Juni bis Ende Oktober; Lüsen: Pardellerhof, Rungerstr. 1, I-39040 Lüsen, Tel. 0472/41 37 13.
Tourist-Info: Verkehrsverein Lüsen, I-39040 Lüsen, Tel. 0472/41 37 50; Tourismusverein Brixen, Bahnhofstraße 9, I-39042 Brixen, Tel. 0472/83 64 01.

Mit dieser Etappe endet der zweite große Teilabschnitt unserer Wanderung von München nach Venedig. Wir blicken zurück auf die Überschreitung des Alpenhauptkamms und machen uns nun auf, die ersten Vorberge der Dolomiten zu erwandern. Wälder und Almwiesen bestimmen wieder das Bild, bevor wir in die Felsregionen der Dolomiten aufsteigen. Mit Vintl liegt ein malerisches kleines Städtchen auf unserem Weg.

Der Wegverlauf

Die Hauptroute unserer München-Venedig-Wanderung verläuft am heutigen Wandertag über Niedervintl und die Lüsener Alm zur Kreuzwiesenhütte. Zwei Alternativen, die je nach persönlicher Vorliebe und den Umständen in Frage kommen, werden ebenfalls kurz geschildert. Hierbei handelt es sich um die Routenvarianten über Brixen bzw. über Lüsen. In jedem Fall steigen wir zunächst ins Pustertal nach Niedervintl ab. Um einen oder mehrere Urlaubstage in Brixen, dieser herrlichen alten Stadt, zu verbringen, steigen wir dort in den Bus ein. Andernfalls steht uns jetzt der mühevolle Aufstieg in den Rodenecker Wald bevor. Hier peilen wir zunächst die Ronerhütte an. Nur bei schlechtem Wetter oder falls in Lüsen ein Ruhetag geplant ist, sollte man den nicht minder mühsamen Abstieg von der Ronerhütte nach Lüsen auf sich nehmen. Ansonsten heißt das Tagesziel Kreuzwiesenhütte!

13

Abstieg nach Niedervintl: Für den Abstieg von **Pfunders** nach Niedervintl müssen wir zwei Stunden veranschlagen. Das erste Teilstück davon ist leider auf der Autostraße (Wegnummer 13) zurückzulegen. Wir passieren den Weiler mit dem schönen Namen Hinterdrittel und erreichen nach knapp einer Stunde die Abzweigung des Wanderwegs 4A, in den wir nach rechts einbiegen. Jetzt spazieren wir sehr bequem auf der westlichen Bachseite über Weitental und vorbei an Vorderdrittel nach **Niedervintl** (756 m). In diesem netten kleinen Ort gibt es alle Geschäfte des täglichen Bedarfs sowie Apotheke, Bank und Post. Wanderer, die weder in Brixen noch in Lüsen Station machen wollen, sollten sich hier mit dem Nötigen eindecken, denn für sie gibt es bis Alleghe kaum noch nennenswerte Einkaufsmöglichkeiten.

Variante nach Brixen: Busse nach Brixen fahren alle 30 Minuten am Bahnhof in Niedervintl ab. Das Büro des Tourismusvereins in Brixen befindet sich nur wenige Schritte vom Busbahnhof entfernt in Richtung Stadtzentrum.

Variante durch den Rodenecker Wald: Wir verlassen die Ortsmitte von Niedervintl Richtung Süden, lassen die Kirche links liegen, unterqueren die Staatsstraße 49 und erreichen über eine Brücke die südliche Seite des Flusses Rienz (Wegnummer 14). Nach der Brücke halten wir uns links. Bei einer Weggabelung nach etwa 750 Metern wandern wir nach rechts, also vom Fluss weg, weiter. An einem Wohnhaus (Flurname Oberhuber) zweigt unser Wanderweg steil bergauf in den Wald ab. Mehrmals queren wir beim Aufstieg Forststraßen, teilweise wandern wir auch auf ihnen. Bei jeder Abzweigung – und wir passieren zahlreiche

Auf der Lüsener Alm: Kreuzwiesen-Hütte

13

– muss gründlich nach den rot-weißen Markierungen Ausschau gehalten werden. Obwohl der Wegverlauf auf der Karte kompliziert erscheint, ist er dennoch einfach zu finden, da er gut gekennzeichnet ist.

Über die Leachenalm und die Hirschleitenalm erreichen wir nach einem Aufstieg von 3 1/2 Stunden schließlich die **Ronerhütte** (1832 m). Um nach Lüsen (972 m) abzusteigen, folgen wir weiterhin dem Weg Nummer 14. Vorbei am Tulperhof (1625 m) benötigen wir nochmals zwei Stunden bis zum Ziel. Dieser Abstieg ist vor allem bei anhaltend schlechtem Wetter zu empfehlen, da der Routenverlauf des nächsten Wandertages zur Schlüterhütte bei guter Sicht wesentlich einfacher zu finden ist. Um zur Kreuzwiesenhütte weiterzuwandern, biegen wir bei der Ronerhütte links auf den Almweg mit der Markierung 2 ab. Auf fast gleicher Höhe kommen wir jetzt gut voran. Nach etwas mehr als zwei Kilometern trennt sich der Weg 2A vom Weg 2. Letzterer führt zur Rastner- bzw. Starkenfeldhütte (alternative Übernachtungsmöglichkeiten), zu denen es von hier aus nicht mehr weit ist. Zur **Kreuzwiesenhütte** (1925 m, von der Ronerhütte 1 1/2 Std.) nehmen wir den Weg 2A über die Steineralm, vor der nochmals ein kurzer Anstieg zu bewältigen ist, und die Raffreidalm.

Auf die Schlüterhütte

14

Dolomitenwege: Kreuzwiesenhütte – Turnaretschhütte – Lüsener Joch – Würzjoch – Peitlerscharte – Schlüterhütte

Tourencharakter: Leichte, aber lange Bergwanderung. Bei der Wegvariante von der Kreuzwiesenhütte nicht ganz einfache Orientierung; beim Übergang zur Peitlerscharte Trittsicherheit und Schwindelfreiheit erforderlich.
Ausgangspunkt: Kreuzwiesenhütte.
Endpunkt: Schlüterhütte.
Wanderkarte: Kompasswanderkarte 56 Brixen/Bressanone, 1:50 000; Kompasswanderkarte 615 Brixen/Bressanone, 1:25 000 (dringend ratsam für die Wegvariante Kreuzwiesenhütte).
Markierung: Wandermarkierung 2A, 2, 10, 11S, 1, 8, 8A, Dolomitenhöhenweg 2 (rotes Dreieck mit der Nummer 2).
Verkehrsanbindung: Busverbindung am Würzjoch.
Einkehr: Turnaretschhütte, Maurer Berghütte und Würzjochhütte (jeweils auch Übernachtungsmöglichkeit, siehe Adressen S. 112).
Unterkunft: Schlüterhütte (Rifugio Genova), CAI-Sektion Brixen, Tel. 0472/ 84 01 32, geöffnet 1. Juli bis 10. Oktober.
Tourist-Info: Verkehrsverein Lüsen, I-39040 Lüsen, Tel. 0472/41 37 50.

mittel
18 km
8 Std.
↑1000 m
↓600 m

Die Lüsener Alm und eine sich nach Süden erstreckende Kette von kleinen Gipfeln umschließen das Lüsener Tal wie ein Halbkreis. Auf beinahe gleich bleibender Höhe wandern wir auf einem aussichtsreichen Weg entlang dieser Kammlinie. Über die Peitlerscharte betreten wir dann die Dolomiten, eine der schönsten Landschaften Europas.

Der Wegverlauf

Variante über die Kreuzwiesenhütte: Der Übergang von der Kreuzwiesenhütte zur Schlüterhütte ist nicht ganz leicht zu finden. Man benötigt Orientierungssinn und sollte unbedingt eine Karte im Maßstab 1:25 000 mit sich führen. Nach unserem Aufbruch von der Hütte wandern wir nach links zunächst auf dem Weg 2A weiter bis zur ersten Kurve. Dort wenden wir uns erneut nach links und steigen entlang des Bettes des Putzerbachs Richtung Astjoch auf (Wegweiser). Wir stoßen auf einen Wirtschaftsweg, dem wir eine kurzes Stück nach rechts folgen. Nach links trennt sich dann unser Pfad mit der Nummer 2, der uns hinauf zur Campill-Alm bringt.

Die Schlüter-Hütte (Rif. Genova) mit den Geislerspitzen, 3030 m

14

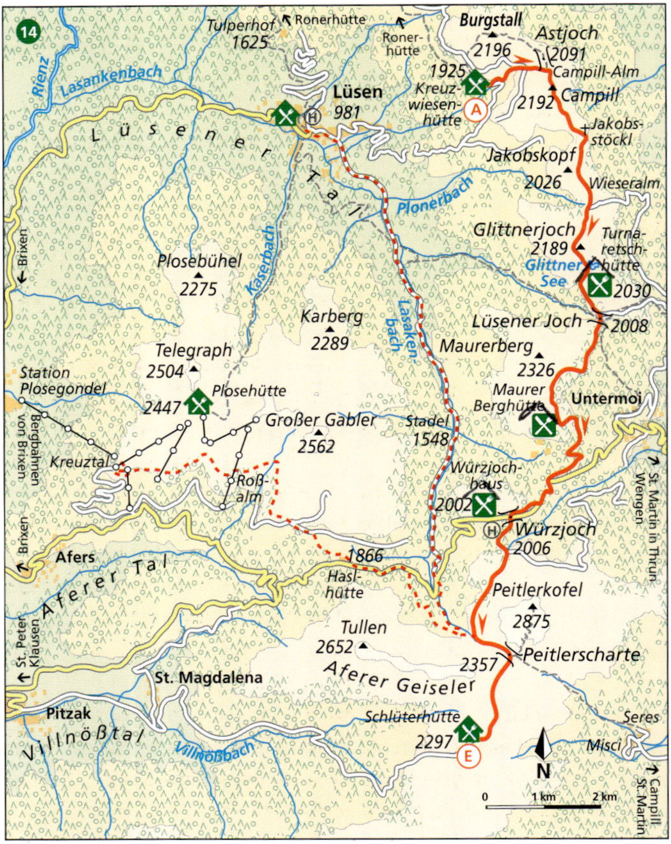

Es lohnt sich jetzt, auf die rot-weißen Markierungen zu achten! Über Matten, Almwiesen und Weiden erreichen wir nach 1 1/4 Stunden das Jakobsstöckl. Der Wanderpfad mit der Nummer 10 bringt uns von hier zur Wieseralm (Wegweiser), die wir, an der Flanke des Jakobskopfes entlang, in einer guten halben Stunde erreichen. Hier schwenken wir nach rechts auf den Weg 10 und 11S Richtung Glittner See ein. Zuerst müssen wir aber auf das gleichnamige Joch, das eigentlich ein Gipfel ist, hinauf. Der in einer kleinen Seenplatte gelegene Glittner See (2151 m) wird hauptsächlich vom Schmelzwasser gespeist und ist nur rund einen Meter tief. An ihm vorbei steigen wir zur **Turnaretschhütte** ab (2030 m, von der Kreuzwiesenhütte knapp 3 Std.)

Auf der Zufahrtsstraße zur Hütte wandern wir in wenigen Minuten zum **Lüsener Joch** (2008 m, Markierung 11S). An der Weggabelung kurz davor halten wir uns rechts. Das Lüsener Joch ist ein alter Übergang von Lüsen in das ladinische Untermoi bzw. Antermoia. Auf der Südostseite am Maurerberg vorbei erreichen wir auf komfortablen Wegen, jetzt mit der Markierung Nummer 1, in gut 1 1/2 Stunden die aussichtsreiche Maurer Berghütte. Als nächstes steuern wir das **Würzjoch** an. Von der Hütte links hinab leitet uns eine Wirtschaftsstraße etwas umständlich im Zick-Zack zur Passstraße, der wir nun etwa 500 Meter bergauf Richtung Süden folgen. Der rechts abzweigende Weg 1 (und 8) bringt uns zum Würzjochhaus (2006 m, von der Kreuzwiesenhütte 5 3/4 Std.). Dieses beliebte Ausflugsziel liegt direkt gegenüber der 700 Meter hohen Nordwand des Peitlerkofels. Wir mischen uns unter die Spaziergänger und schlendern gemütlich über Wiesen auf dem Weg 8A zum Peitlerkofel hin. Sobald wir dem Berg näher kommen, wird unser anfangs bequemer Weg zu einem hier und da auch recht luftigen Steig. Beim Schartenbach vereinigt sich der Pfad dann mit dem Dolomitenhöhenweg 2. Bevor wir aber unseren heute wohl verdienten Feierabend genießen können, heißt es noch 300 Höhenmeter zur **Peitlerscharte** (2357 m) aufzusteigen. Dort genießen wir die herrliche Aussicht und spazieren dann eben in gut 30 Minuten zur **Schlüterhütte** (2297 m).

Variante von Lüsen: Beim Aufbruch von Lüsen leitet uns der tiefe Einschnitt des Lasankenbachtals den größten Teil des Weges nach Süden. Im Ortskern von Lüsen beginnt der Wanderweg 1. Vorbei an St. Nikolaus und dem Weiler Stadeln kommen wir nach vier bis fünf Stunden am Talende auf der Müllerwiese an. Wir treffen auf die Passstraße zum Würzjoch, auf der wir etwa 250 Meter Richtung Süden wandern. An einer Spitzkehre trennt sich unser Weg geradeaus von der Straße und vereint sich nach einem Kilometer mit dem Dolomitenhöhenweg 2 (weiter wie oben).

Variante von Brixen: Den Aufstieg von **Brixen** erleichtern wir uns, indem wir am Busbahnhof im Stadtzentrum den Bus zur Talstation Plosegondel und dann die Ploseseilbahn nach Kreuztal nehmen. Auf fast gleich bleibender Höhe wandern wir auf dem Weg 17 bzw. 17A zur Roßalm. Etwa einen Kilometer nach der Alm stoßen wir auf den Dolomitenweg 2, dem wir nun nach rechts folgen. An der Haslhütte vorbei erreichen wir Peitlerscharte und Schlüterhütte in vier bis fünf Stunden.

15 Von der Schlüterhütte zum Grödnerjoch

Tag der neun Joche und Scharten: Schlüterhütte – Roascharte – Puezhütte – Crespainasee – Grödnerjoch

mittel

19 km

7 Std.

↑1000 m ↓1170 m

Tourencharakter: Unschwierige, aber lange Bergwanderung durch hochalpines Gelände; Schwindelfreiheit und Trittsicherheit erforderlich.
Ausgangspunkt: Schlüterhütte (Rifugio Genova).
Endpunkt: Grödnerjoch.
Wanderkarte: Kompasswanderkarte 55 Cortina d'Ampezzo, 1:50 000.
Markierung: Dolomitenhöhenweg 2 (Dreieck mit Nr. 2).
Verkehrsanbindung: Nur am Ziel Grödnerjoch, siehe nachfolgende Etappe.
Einkehr: Puezhütte. 0471/795365
Unterkunft: Berghaus Frara, Kolfuschg 40, I-39033 Corvara, Tel. 0471/79 52 25, Juni bis Oktober, gehobene Preisklasse, Reservierung empfehlenswert; Pisciadùhütte (Rifugio Franco Cavazza), CAI-Sektion Bologna, 1. Juni bis 30. September, Tel. 0471/83 62 92; Puezhütte, CAI-Sektion Bozen, 20. Juni bis 30. September, Tel. 0471/79 53 65.
Tourist-Info: Tourismusverein Villnöss (Val di Funes), St. Peter Nr. 11, I-39040 Villnöss, Tel. 0472/84 01 80.

Die heutige Wanderung führt uns ins Herz der Dolomiten, nach Ladinien. Zwischen 2300 und 2600 Metern Meereshöhe pendeln wir auf dieser landschaftlich reizvollen Tour der Joche. Im Gegensatz zum Zentralmassiv, wo die Überwindung eines Jochs fast eine Tagesaufgabe ist, kann es uns hier passieren, dass wir ein Joch betreten und es kaum merken.

Begegnung zwischen Sobutsch und Roascharte

Der Wegverlauf

Wir folgen den ganzen Tag dem Dolomitenhöhenweg Nr. 2. Beim morgendlichen Aufbruch von der **Schlüterhütte** (2237 m) wählen wir den rechten Wiesenpfad und wenden uns dann erneut nach rechts auf dem auch mit Nr. 3 bezeichneten Weg unserem ersten Joch, dem Kreuzkofeljoch zu. Über das Bronsoijoch erreichen wir die Wiesen der Medalges-Alpe, auf denen wir bequem zum Kreuzjoch hinschlendern können. Es lohnt sich allerdings, dort auf einem kleinen Steiglein den Sobutsch zu erklimmen: Edelweiß, so weit das Auge reicht! Der obere Pfad über die kleinen Gipfelchen vereint sich dann bald wieder mit dem unten verlaufenden

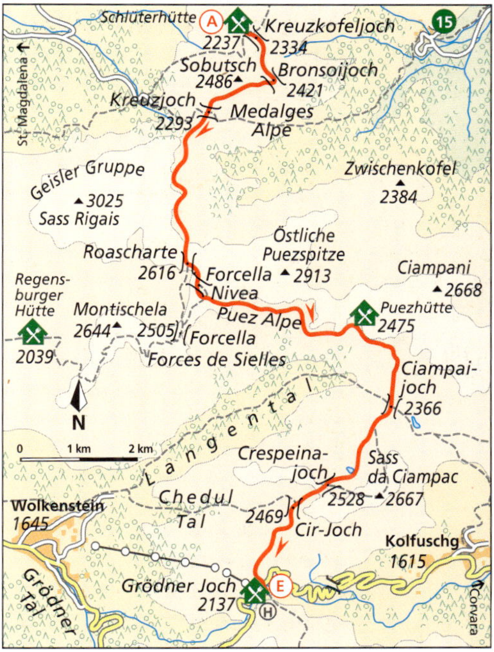

Hauptweg. Vorbei am Kreuzjoch erreicht man auf gutem Weg die **Roascharte** (2616 m). So steil und unzugänglich diese auch von weitem erscheint, beim Näherkommen entpuppt sich der Aufstiegweg, der sich in Serpentinen nach oben windet, als harmlos. Oben angekommen können wir einen Blick auf den weiteren Streckenverlauf werfen. Geradeaus führt er zur Forcella Forces de Sielles, nach links zweigt der Klettersteig zur Forcella Nivea ab. Das Übersteigen der Forcella Nivea ist problemlos, wenn Schnee und Eis uns nicht behindern, und erspart uns vor allem den Abstieg auf unter 2500 Höhenmeter, den wir sonst auf dem regulären Weg vorbei an der Forcella Forces de Sielles in Kauf nehmen müssten. Deshalb entscheiden wir uns bei entsprechenden Witterungsverhältnissen für die kleine Kraxelei. In beiden Fällen erreichen wir schließlich die Puez-Alpe, durch die ein gut markierter und bequemer Wanderweg bis zur **Puezhütte** (2475 m) führt. Das Schutzhaus taucht nach etwa 3 1/2 Stunden Gehzeit ganz plötzlich hinter einer Biegung auf – und eine anständige Mittagspause kommt uns jetzt gerade recht.

Nach der stärkenden Rast gelangen wir über das Ciampaijoch, vorbei am malerischen **Crespeinasee** und über das Crespeinajoch durch eine wilde Landschaft von Felszacken und Schluchten hinab zum Tagesziel. Der Höhepunkt dieses Teilstücks ist der spektakuläre Blick ins Langental, der uns an einer Engstelle des Wegs kurz hinter der Puezhütte vergönnt ist. Ein selten schöner Wandertag geht zu Ende, wenn wir aus der Einsamkeit und Stille der Crespeina-Hochfläche auf das laute **Grödnerjoch** hinuntersteigen (2137 m, von der Puezhütte 3 Std.).

16 Vom Grödnerjoch zur Boèhütte

Auf den Sellastock, die »Gralsburg Ladiniens«: Grödnerjoch – Pisciadùhütte – Boèhütte

anspr.

7 km

4 Std.

↑820 m
↓90 m

Tourencharakter: Teilweise ausgesetzte Bergtour, Trittsicherheit und Schwindelfreiheit erforderlich; Orientierung bei Nebel schwierig, im Falle eines Wetterumschwungs ist auch im Hochsommer mit Schnee und Eis zu rechnen.
Ausgangspunkt: Grödnerjoch.
Endpunkt: Boèhütte.
Wanderkarte: Kompasswanderkarte 55 Cortina d'Ampezzo, 1:50 000.
Markierung: Wegmarkierungen Weg 666 und Dolomitenhöhenweg 2 (Dreieck mit Nr. 2).
Verkehrsanbindung: Busverbindung zwischen Grödnerjoch und Wolkenstein (Selva di Valle Gardena) oder Abtei (Badia); letzter Bus ca. 18 Uhr; Seilbahn-/Sessellift-Verbindung zwischen Grödnerjoch und Wolkenstein, Juli–September 8.30–17 Uhr.
Einkehr: Pisciadùhütte.
Unterkunft: Boèhütte (Rifugio Boè), CAI/SAT-Sektion Trento, 20. Juni bis 20. September, Tel. 0471/84 73 03 und 83 62 17; Pordoijochhütte (Rifugio Forcella Pordoi), 20. Juni bis 20. September, Tel. 0368/3 55 75 05; Rifugio Capanna Fassa (Boè-Gipfelhütte), 1. Juli bis 30. September, Tel. 0462/60 17 23.
Tourist-Info: Tourismusverein Wolkenstein, Str. Mëisules 213, I-39048 Wolkenstein, Tel. 0471/79 51 22.

Auf dem Piz Boè, 3152 m; im Norden die »Gläsernen Berge«

Vom Grödnerjoch erscheint der gewaltige Sellastock völlig unzugänglich, überraschenderweise ermöglicht aber das Val Settus einen recht einfachen Aufstieg in diesen Irrgarten aus Felszacken und Plateaus. Bei gutem Wetter dürfen wir uns auf eine genuss-

reiche und problemlose Bergwanderung freuen. Der Tag wird gekrönt durch die Besteigung des 3152 Meter hohen Piz Boè.

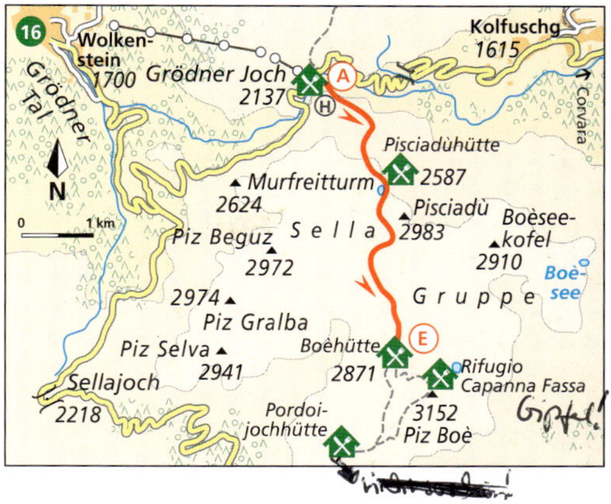

Der Wegverlauf

Direkt hinter dem Berghaus Frara beginnt ein Pfad (Weg 666 und Dolomitenweg 2), der uns zuerst über Wiesen und später dann über Geröll in ein schmales Tal führt. Jetzt geht es steil bergauf, im oberen Wegteil auch drahtseilversichert. Dennoch bleibt der Weg stets unschwierig, und wir erreichen nach knapp zwei Stunden die schön gelegene **Pisciadùhütte** (2587 m) auf dem ersten Plateau.

Nach einer kurzen Rast in diesem liebevoll geführten Haus passieren wir den Pisciadùsee und folgen dem gut markierten Weg weitere zwei Stunden durch Schluchten und vorbei an Felskämmen auf die Hochfläche und zur Boèhütte, der ehemaligen Bamberger Hütte. Diese steht auf einer großen Felsplatte inmitten eines ehemaligen Korallenatolls und unterhalb des weithin sichtbaren Massivs der Boèspitze.

Mit dem Eintreffen auf der **Boèhütte** (2871 m) haben wir unser »Pflichtprogramm« für heute schon erfüllt, und es bleibt reichlich Zeit, den Piz Boè (3152 m) zu erklimmen, der als einer der am leichtesten zugänglichen Dreitausender der Dolomiten gilt und mit Sicherheit einer ihrer schönsten Aussichtsgipfel ist. Für den Aufstieg brauchen wir nur etwa 45 Minuten. Über Geröll erreichen wir einen felsigen Gipfelabbruch mit Drahtseilsicherungen und dann in einer Schuttrinne erneut über Geröll und Felstrümmer den Gipfel. Unser Blick schweift nun über all die bizarren Dolomitengipfel, aber auch die Zillertaler, Stubaier und Ötztaler Alpen sind sichtbar, der Ortler sowie die Adamello- und Presanellogruppe. In der Nähe fesselt die firnschimmernde Marmolada den Blick – unser Tourengebiet am morgigen Tag. Die Einkehr im netten, kleinen Rifugio Capanna Fassa hier oben rundet unser Gipfelerlebnis ab (auch Übernachtungsmöglichkeit).

17 Von der Boèhütte zum Fedaiasee

Die Marmolada, »Königin der Dolomiten« und der Fedaiasee: Boèhütte – Pordoijoch – Bindelweg – Fedaiasee

mittel

12 km

6 Std.

↑240 m
↓1070 m

Tourencharakter: Unproblematische Bergwanderung mit langem Abstieg, Trittsicherheit erforderlich.
Ausgangspunkt: Boèhütte.
Endpunkt: Fedaiasee.
Wanderkarte: Kompasswanderkarte 55 Cortina d'Ampezzo, 1:50 000; Tabacco 4 Dolomiti Agordine e di Zoldo, 1:50 000.
Markierung: Wegmarkierungen 627 bzw. 601 und Dolomitenhöhenweg 2 (Dreieck mit Nr. 2).
Verkehrsanbindung: Vom Pordoijoch und Alleghesee aus Busse Richtung Canazei und Rocca Pietore bzw. Alleghe.
Einkehr: Zahlreiche entlang des Weges und am Pordoijoch.
Unterkunft: Rifugio Ettore Castiglioni (Marmoladahütte), ganzjährig außer November, Übernachtung nur im Sommer, Tel. 0462/601-681 oder -117; Rifugio Dolomia, Tel. 0462/60 12 21, Fax. 60 17 55; Rifugio Cima 11, Tel. 0462/60 22 90, beide auf der Südseite des Fedaiasees.
Tourist-Info: Tourismusverband Fassatal, Via Costa 79, I-38032 Canazei, Tel. 0462/60 24 66.

Diese Tagesetappe steht ganz im Zeichen der schimmernden Marmolada, des höchsten Dolomitengipfels. Entlang des bekannten Bindelwegs haben wir eine grandiose Aussicht auf dieses gletscherbedeckte Bergmassiv. Heute passieren wir endgültig eine Sprachgrenze. Während am Nordrand der Sella noch deutschsprachige Wanderer und Bergsteiger überwiegen, dominieren hier bereits italienische Touristen. Am Ende dieser herrlichen Wanderung wartet der malerische Fedaiasee auf uns.

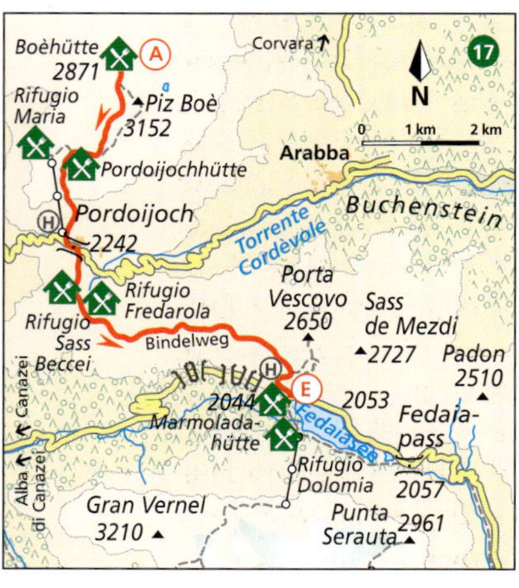

Der Wegverlauf

Von der **Boèhütte** aus erreicht man das gemütliche Pordoijochhüttchen in etwa 45 Minuten auf dem markierten Weg 627. Hier ist eine Entscheidung über die rund 600 Höhenmeter Abstieg zu treffen, die uns nun bevorstehen: Zu Fuß oder per Seilbahn? Im ersten Fall folgt man weiter dem Weg 627 in ein steiles, schotterbedecktes Kar. In zahlreichen Kehren windet sich der Steig an senkrechten Felswänden vorbei. Über Wiesen erreichen wir

17

Rifugio Viàl del Pàn, 2432 m mit Marmolada, 3340 m

schließlich nach knapp zwei Stunden das Joch. Wesentlich knieschonender ist der kurze Aufstieg von etwa 20 Minuten zum Rifugio Maria. Von dort sind wir nach einer atemberaubenden Seilbahnfahrt in vier Minuten am **Pordoijoch** (2242 m). Die Bahn fährt ab neun Uhr früh viertelstündlich.

Am Passo Pordoi tummeln sich zahlreiche Spaziergänger auf den Wanderwegen, doch sie werden bald weniger, da sie zu ihren Autos auf dem Pass zurückkehren müssen. Wir dagegen dürfen weiterwandern auf dem guten und viel begangenen **Bindelweg** (Weg 601, Dolomitenhöhenweg 2). Der alte ladinische Saumpfad Viàl del Pàn ist nach dem Erschließer der Sella und einstigen Vorsitzenden der DÖAV-Sektion Bamberg, Dr. Karl Bindel, benannt. Zwischen Gasthäusern und Souvenirläden hindurch führt er uns in Richtung Süden zunächst auf den Rasensattel des Belvedere und dann vorbei am Rifugio Sass Beccei und am Rifugio Fredarola in fast konstanter Höhe nach Osten. Wir bleiben immer auf der südlichen Seite des Bergrückens, gehen an den Gipfeln Col del Cuc und Sasso del Cappello vorbei und können nun während der nächsten 1 1/2 Stunden auf diesem herrlichen Wanderpfad die grandiose Aussicht auf das Marmolada-Massiv genießen. Unterhalb des Gipfels des Portavescovo erreichen wir schließlich eine Weggabelung: Beide Wege führen nach unten, der linke etwas weniger steil, dafür länger, der rechte steiler und dafür kürzer. Für welche Variante wir uns entscheiden, ist Geschmackssache. Bevor uns aber endgültig der »Knieschnackler« ereilt, stehen wir schon vor unserem Tagesziel, dem **Fedaiasee** (2053 m).

18 Vom Fedaiasee nach Alleghe

Seen und Schluchten: Fedaiasee – Malga Ciapela – Sottogudaschlucht – Pian – Alleghe oder Masarè

leicht

22 km

4 1/2 Std.

↑0 m
↓1100 m

Tourencharakter: Einfache Wanderung, beim Abstieg nach Malga Ciapela etwas Orientierungssinn nötig.
Ausgangspunkt: Fedaiasee.
Endpunkt: Alleghe oder Masarè.
Wanderkarte: Kompasswanderkarte 55 Cortina d'Ampezzo, 1:50 000; Tabacco 4 Dolomiti Agordine e di Zoldo, 1:50 000.
Markierung: Nicht durchgehend; neuer Wanderweg ab Pian mit Schildern gekennzeichnet.
Verkehrsanbindung: Busverbindung am Fedaiasee und in Alleghe nach Belluno.
Einkehr: In Malga Ciapela und Sottoguda; Einkaufsmöglichkeiten in Sottoguda, Pian (Feinkostladen mit lokalen Spezialitäten) und Alleghe.
Unterkunft: Viele Hotels in Alleghe und Masarè, z. B. Garni La Nava, C.so Italia 43, I-32022 Alleghe, Tel. 0437/52 33 40 od. 52 33 20.
Tourist-Info: Consorzio Operatori Turistici Alleghe-Caprile, I-32022 Alleghe (BL), Tel. 0437/52 32 01 oder 52 35 44, in der Ortsmitte bei der Kirche.

Zu Unrecht überspringen manche Wanderer diese Etappe mit dem Bus. Die Karte vermittelt den Eindruck, dass ein großer Streckenabschnitt auf einer viel befahrenen Straße zu laufen wäre. Dies ist aber nicht der Fall. Im ersten Teil dieser genussreichen Wanderung steigen wir weglos über Wiesen bis zur Malga Ciapela ab, danach schlendern wir durch die herrliche Sottogudaschlucht und über Wanderwege ins Pettorina- und Cordèvoletal nach Alleghe.

Ausblick von der Marmolada zu den südlichsten Dolomiten-Gipfeln

Der Wegverlauf

Vom Rifugio Ettore Castiglioni wenden wir uns nach rechts, überqueren den Staudamm und wandern an der Südseite des **Fedaiasees** entlang bis zum Fedaiapass an der östlichen Seespitze. Dort beginnen auf der rechten Seite die Wiesen der Skiabfahrt zur Malga Ciapela. Teils weglos oder auf Trampelpfaden, teils auf besseren Wegen folgen wir dieser Abfahrt stets auf der rechten Talseite und kommen so zügig voran. Im unteren Bereich der Skitrasse orientieren wir uns an den Liftmasten. Nach etwa 1 1/2 Stunden haben wir die **Malga Ciapela** (1446 m) erreicht.

18

Von dort gehen wir zum Eingang der **Sottogudaschlucht** (Ausschilderung Serrai). Durch diese etwa zwei Kilometer lange und oft nur wenige Meter breite Schlucht führt eine für den Verkehr gesperrte Straße. Beim Örtchen Sottoguda, das mit schönen alten Bauernhäusern und einer gepflegten Gastwirtschaft direkt am Weg aufwartet, endet die Schlucht. Von Sottoguda gelangen wir direkt in den Nachbarort **Pian** (1250 m), wo am Ortsende ein neu angelegter und ausgezeichnet beschilderter Wanderweg beginnt. Er leitet entlang des Pettorinabaches und des Flüsschens Cordèvole weitgehend autofrei nach Masarè. Viele schöne Rastplätze, teilweise mit Brunnen, laden uns jetzt zum Verweilen ein. Große Hinweisschilder am Weg geben über ihre Lage Auskunft, auch über den Streckenverlauf und den momentanen Standort. Um **Alleghe** anzusteuern, müssen wir uns von unserem komfortablen Weg hinter dem Dorf Le Grazie trennen. Etwa einen Kilometer nach der Straßenbrücke finden wir die Hängebrücke zur Ostseite des Torrente Cordèvole. Nach rechts am Ufer des Alleghesees entlang erreichen wir in wenigen Minuten den hübschen Fremdenverkehrsort. Für Venediggeher, die am nächsten Tag ohne Seilbahnbenutzung zur Tissihütte aufsteigen wollen, ist es allerdings vorteilhafter, in **Masarè** zu übernachten. In diesem Fall bleibt man auf der Westseite des Tals und wandert in etwa einer halben Stunde zum Tagesziel.

19 Von Alleghe auf die Tissihütte

Am Fuß der »Wand der Wände«: Alleghe oder Masarè – Tissihütte

anspr.
12 km
4 Std.
↑1350 m
↓50 m

Tourencharakter: Unschwierige Bergwanderung; ohne Verwendung der Seilbahn anstrengend, mit Seilbahn einfache Halbtagestour.
Ausgangspunkt: Alleghe oder Masarè.
Endpunkt: Rifugio Attilio Tissi (Tissihütte).
Wanderkarte: Kompasswanderkarte 77 Alpi Bellunesi, 1:50 000; Tabacco 4 Dolomiti Agordine e di Zoldo, 1:50 000.
Markierung: Wegnummern: beim Aufstieg über Masarè Weg 563; beim Aufstieg über Alleghe Nummer 561, 556 und 560 sowie Markierungen des Dolomitenhöhenwegs 1 (Dreieck mit Nr. 1).
Verkehrsanbindung: In Alleghe Busverbindung nach Belluno.
Einkehr: Mehrere Einkehrmöglichkeiten beim Aufstieg über Alleghe, keine beim Aufstieg über Masarè.
Unterkunft: Rifugio Attilio Tissi, CAI-Sektion Belluno, 20. Juni bis 20. Oktober, Tel. 0437/72 16 44.
Tourist-Info: Ufficio Turistico Alleghe, Piazza Kennedy 17, I-32022 Alleghe, Tel. 0437/52 33 33; I.A.T. informazioni e accoglienza turistica, Via Mareson 133, I-32010 Zoldo Alto, Tel. 0437/78 91 45.

In den nächsten Tagen warten die schönsten »Spaziergänge« in den Belluneser Dolomiten auf uns. Von Hütte zu Hütte und von Joch zu Joch durchstreifen wir dieses stille Felsenreich. Den Auftakt bildet die Wanderung zur Tissihütte, die unterhalb des mächtigen Civettamassivs liegt. Die Wände der Civetta sind ein Para-

Die Marmolada mit ihrer 800 Meter hohen Südwand.

19

> **Tipp**
>
> In den südlichen Dolomiten erwarten die Hüttenwirte in aller Regel eine Reservierung; unangemeldeten Übernachtungsgästen begegnet man schon mal mit einem Stirnrunzeln. Am einfachsten ist es, den Hüttenwirt abends um eine **telefonische Anmeldung** beim nächsten Rifugio zu bitten. Dieser Service ist zumindest für nicht italienisch sprechende Gäste durchaus üblich, und manche Hüttenwirte bieten es sogar von sich aus an.

dies für Extremkletterer und die Tissihütte ein beliebter Stützpunkt.

Der Wegverlauf

Zwei Routenvarianten stehen heute zur Auswahl, zwischen denen eine Entscheidung zu treffen ist. Wer keine Aufstiegshilfe benutzen will, erreicht von Masarè in etwa vier Stunden die Hütte zu Fuß. Landschaftlich abwechslungsreicher ist der Weg über die Forcella d'Alleghe, den man auch durch Seilbahnfahrten verkürzen kann (3 Std. mit, 6 1/2 Std. ohne Seilbahn).

Aufstieg von Masarè: Der direkteste Zugang zum Rifugio Attilio Tissi auf dem aussichtsreichen Col Rean ist der Aufstieg vom Südwesten. An der Südspitze des Alleghesees zweigt der Weg 563 nach links von der Straße ab. Nach kurzer Zeit erreichen wir die Talstation des Materiallifts zur Hütte, die am Beginn des Bergwaldes oberhalb der letzten Häuser von Masarè liegt. Erst noch gemächlich und dann immer steiler bergauf passieren wir die **Capanna Casamatta** (1650 m), bei der sich der Weg Richtung Osten wendet.

Nach etwa vier Stunden Gehzeit erreichen wir das Etappenziel. Entscheidet man sich für diese Aufstiegsvariante, so sollte man auch eine Übernachtung in Masarè statt in Alleghe in Erwägung ziehen.

Aufstieg von Alleghe: Gondelbahn und Sessellift machen uns bei dieser Variante das Leben leicht. Die Talstation befindet sich direkt im Ort an der Hauptstraße. Komfortabel zuckeln wir in eine Höhe von etwa 1900 Metern (Seilbahnbetrieb Ende Juni bis Mitte September, täglich 8.30–17.30 Uhr). Hier oben am **Col dei Baldi** (1920 m) zieht der Monte Pelmo alle Blicke auf sich – ein steiner-

19 ner Solitär, der sich wuchtig aus dem grünen Zoldano erhebt. Bereits 1857 wurde er erstiegen und war damit der Erste unter den großen Ampezzaner Bergen, der von Menschen betreten wurde. Das Col dei Baldi ist nicht nur bei Wintersportlern beliebt, sondern auch im Sommer ein gern und viel besuchtes Ausflugsziel. Die Anzahl der Spaziergänger, die auf den breiten und gut markierten Wegen zum malerischen Coldaisee pilgern, ist recht erstaunlich. Auch wir folgen jetzt mit diesem Zwischenziel der Route 561 leicht abwärts, passieren dann die Wiesen der flachen Forcella d´Alleghe und erreichen schließlich die Casera di Pioda. Dort treffen wir auf den Dolomitenhöhenweg 1, der, auch als Weg 556 bezeichnet, zum Rifugio Coldai leitet. Wir umgehen nun auf großzügig angelegten Kehren den Monte Coldai, einen nördlichen Vorgipfel der Civetta, und erreichen nach 1 1/2 Stunden Gehzeit die Schutzhütte.

Das **Rifugio Adolfo Sonino al Coldai** (2135 m) gehört der CAI-Sektion Venedig. Es wurde bereits 1905 erbaut, im Zweiten Weltkrieg jedoch zerstört und später erneut errichtet und auch vergrößert. Von hier aus ist es nur noch ein Katzensprung zur aussichtsreichen Forcella Coldai (Weg Nr. 560). Zu Füßen des Civetta-Nordkammes liegt der dunkelgrüne Lago Coldai, der keinen sichtbaren Abfluss hat. Am Seeufer kann man an schönen Tagen mitten im Hochgebirge eine Art Strandleben beobachten – und hören! Doch schon kurz nachdem wir den See hinter uns gelassen haben, wird es ruhiger, und der Weg, der auf das nächste Joch, die Forcella Colnegro, hinaufführt, gehört uns wieder allein. Wir wandern weiter hinein in die Hochfläche des Val Civetta. Bald befinden wir uns unterhalb der gewaltigsten aller Dolomiten-Wände, der Nordwestwand des Hauptgipfels der Civetta. Im Jahr 1925 wurde sie erstmals von den Münchner Bergsteigern Lettenbauer und Solleder durchstiegen (Solleder-Route, VI. Schwierigkeitsgrad). Nachdem wir den Wandfuß erreicht haben, geht es erst mal wieder bergab. Wir lassen uns dennoch hier nicht verleiten, die erreichte Höhe zu halten, indem wir am Wandfuß entlanggehen (Steinschlag!), sondern bleiben auf dem markierten Pfad, auf dem man müheloser und auch schneller vorankommt. Auf der Forcella di Col Rean zweigt nach rechts der Weg zur **Tissihütte** (2250 m) ab, die sich an die Gipfel-

19

flanke des Col Rean schmiegt. Über Wiesen steigen wir nun nochmals 150 Höhenmeter zum Tagesziel auf.
Am Rifugio trennen uns nur noch ein paar Schritte vom Hüttengipfel Cima di Col Rean, von dem man einen wahrhaft atemberaubenden Ausblick genießen kann. Nach einem senkrechten Absturz liegt der Alleghesee wie ein blauer Edelstein in schwindelnder Tiefe. Wir können nochmals einen Blick werfen auf die Marmolada, den Bindelweg und die Sella, auch auf die Puezgruppe und den Peitlerkofel, die wir bereits hinter uns gelassen haben. Ganz im Südwesten sehen wir die Palagruppe und dann die Brenta, im Norden liegen Fanesgruppe und Tofana vor uns. Im Nordosten schließen sich die Cristallogruppe, die Drei Zinnen und der Zwölferkofel an. Die firnbedeckten Eisriesen des Alpenhauptkammes umkränzen dieses einmalige Panorama am Horizont.

Rifugio Tissi und die 1200 m hohe Nordwest-Wand der Civetta, 3320 m

20 Von der Tissihütte zur Carestiatohütte

Vorbei an hohen Wänden: Tissihütte – Rifugio Vazzoler – Sella di Camp – Carestiatohütte – Passo Duran

mittel
14 km
5 1/2 Std.
↑ 650 m
↓ 1000 m

Tourencharakter: Unschwierige Bergwanderung, im zweiten Teil aufgrund der Wegbeschaffenheit teilweise mühsam.
Ausgangspunkt: Tissihütte.
Endpunkt: Carestiatohütte.
Wanderkarte: Kompasswanderkarte 77 Alpi Bellunesi, 1:50 000, Tabacco 4 Dolomiti Agordine e di Zoldo, 1:50 000.
Markierung: Wegbezeichnung 560 bis zum Rifugio Vazzoler, danach Wegbezeichnung 554, während der ganzen Strecke auch Dolomitenweg 1 (Dreieck mit Nr. 1).
Verkehrsanbindung: Keine.
Einkehr: Rifugio Vazzoler.
Unterkunft: Rifugio Bruto Carestiato, CAI-Sektion Agordina, 20. Juni bis 20. September, Tel. 0437/6 29 49; am Passo Duran: Rifugio San Sebastiano, I-32010 Passo Duran, Tel. 0437/6 23 60; Rifugio Cesare Tomè, I-32010 Passo Duran, Tel. 0437/651 99.
Tourist-Info: I.A.T. informazioni e accoglienza turistica, I-32012 Forno di Zoldo, Via Roma 10, Tel. 0437/78 73 49; Ufficio Turistico Agordo, Tel. 0437/6 21 05.

Heute wandern wir durch das blumenreiche und von Quellwassern erfüllte Val Civetta, vorbei an aufgelassenen Almen zur 1929 erbauten Vazzolerhütte. An unserer linken Seite ragen die Wände der Civetta und der Moiazza in den Himmel. Über »Stock und Stein« erreichen wir schließlich die Carestiatohütte.

Der Wegverlauf

Beim Aufbruch von der **Tissihütte** lassen wir unseren Aufstiegsweg von gestern links liegen und wandern stattdessen Richtung Südwesten am Bec di Mezzodi vorbei, bis wir wieder auf den Dolomitenweg 1 (auch Weg Nr. 560) treffen. Ohne nennenswerte Höhenunterschiede leitet uns der Weg vorbei an dem verfallenen Cason di Col Rean, umrundet das Massiv der Cima di Mede und trifft nach kurzem Abstieg auf die Fahrstraße zum **Rifugio Vazzoler**, das wir nach knapp zwei Stunden erreichen. Nahe der Hütte

20

Die Civetta von Süden: links Torre Venezia, rechts Torre Trieste mit Rif. Vazzoler

wurde 1958 ein der »Madonna vom Schnee« geweihtes Kirchlein zur Erinnerung an alle im Gebiet der Civetta tödlich verunglückten Bergsteiger errichtet.
Weiter der Fahrstraße folgend steigen wir bis auf 1524 Meter ab, wo die Serpentinen beginnen. Dort trennt sich der Dolomitenweg 1 (auch Weg Nr. 554) von der Straße. Noch geht es bergab, aber bald müssen wir wieder an Höhe gewinnen. Vorbei an den gewaltigen Moiazzawänden queren wir das oberste Corpassatal und erreichen nach den verfallenen Gebäuden der Casera di Camp schließlich die **Sella di Camp** (1933 m). Jetzt sind wir endgültig auf der Südseite des Bergstocks angekommen. Heiß brennt die Sonne auf unseren steinigen, von Latschen gesäumten Pfad. Der würzige Duft der Latschenkiefern und die Temperaturverhältnisse lassen uns glauben, in einer Sauna zu wandern. Wehe dem Wanderer, der es versäumt hat, im Rifugio Vazzoler seine Wasserflasche zu füllen! Rauf und runter, nach rechts und links, selten geradeaus führt uns der Weg schließlich zum Rücken des Col di Pass, wo hinter Latschen versteckt die **Carestiatohütte** (1834 m) auf uns wartet. Wer seine Klettersteigausrüstung für die Begehung der Via ferrata in der Schiara vorausgeschickt hat und auch all jene, die einen komfortablen Gasthof einer Berghütte vorziehen, wandern noch auf der Zufahrtsstraße zur Hütte und zuletzt über ein Wiesenstück in 30 Minuten hinab auf den **Passo Duran** (1601 m).

21 Zum Rifugio Pian de Fontana

Zwischen Agordino und Zoldo: Carestiatohütte – Passo Duran – Forcella Moschesin – Pra della Vedova – Rifugio Pian de Fontana

anspr.

18 km

7 1/2 Std.

↑1300 m
↓1500 m

Tourencharakter: Abwechslungsreiche und unschwierige, aber lange Bergwanderung durch herrliche Landschaft, sehr sonnig; stellenweise Trittsicherheit erforderlich.
Ausgangspunkt: Carestiatohütte oder Passo Duran.
Endpunkt: Rifugio Pian de Fontana (auch Bivacco Renzo dal Mas genannt).
Wanderkarte: Kompasswanderkarte 77 Alpi Bellunesi, 1:50 000; Tabacco 4 Dolomiti Agordine e di Zoldo, 1:50 000.
Markierung: Wegmarkierung 543 oder Dolomitenweg 1 (Dreieck mit Nr. 1) bis zur Pra della Vedova, ab dort Wegmarkierung 514 bzw. Dolomitenweg 1.
Verkehrsanbindung: Keine.
Einkehr: Rifugio Pramperet, ca. 10 Min. abseits des Weges; Wasser an der Malga Moschesin.
Unterkunft: Rifugio Pramperet, CAI-Sektion Oderzo, 20. Juni bis 20. September, Tel. 0442/71 63 54; Rifugio Pian de Fontana, Betreiber Comune Longarone, 25. Juni bis 30. September, Tel. 0335/6 09 68 19.
Tourist-Info: Ufficio Turistico Agordo, Tel. 0437/6 21 05; Parco Nazionale Dolomiti Bellunesi, Piazzale Zancanaro 1, I-32032 Feltre, Tel. 0439/33 28.

Zwischen den Tälern des Agordino und des Zoldo führt uns diese Tagesetappe hindurch bis in den Dolomiten-Nationalpark. Im ersten Teil des Weges blicken wir ins Agordotal hinab, während wir im zweiten Teil nach der Forcella Moschesin in den Einzugsbereich des Zoldo kommen. Der Kontrast zwischen den spitzen, schroffen Felszacken der Dolomitengipfel und den tief eingeschnittenen grünen Tälern macht die südlichen Dolomiten so einmalig schön.

Ankunft auf dem Pra della Vedova vor der Rif. Pramperet

Tipp

Auch auf diesem Weg herrscht **Wassermangel**. Die einzige Möglichkeit, direkt an der Route die Wasservorräte aufzufüllen, ist der Brunnen an der Malga Moschesin. Diese Gelegenheit sollte genutzt werden. An heißen Tagen brennt die Sonne auf dieser nahezu schattenlosen Tour unbarmherzig herab.

21

Der Wegverlauf

Auf dieser Tour trennen sich die Klettersteiggeher, die am nächsten Tag auf der Via Ferrata Marmol die Schiara überqueren möchten, von den Bergwanderern, die ins Cordèvoletal absteigen und mit dem Bus nach Belluno fahren. Hat man sich die Schiara zum Ziel gesetzt, sollte man zeitig aufbrechen, denn es gilt, das Rifugio Pian de Fontana (Quellenalm) zu erreichen. Im letzten Wegdrittel müssen beim Erklimmen der Cime di Città 650 Höhenmeter im Auf- und 750 Höhenmeter im Abstieg bewältigt werden. Wer sich hingegen für die Abstiegsvariante entschieden hat, kann den heutigen Tag etwas gemütlicher angehen. Man schlendert genussreich zum Etappenziel Pramperethütte (4 1/2 Std.), die in eine wahre Bilderbuchlandschaft eingebettet ist. Die Quellenalm passiert man dann erst am folgenden Tag. Hinweise für den Abstieg ins Cordèvoletal finden sich in der Tourenbeschreibung der nächsten Wanderetappe.

Von der **Carestiatohütte** wandern wir zunächst auf der Zufahrtsstraße des Schutzhauses Richtung **Passo Duran**. Nach etwa 20 Minuten zweigen wir dann rechts auf einen Fußweg ab (Wegmarkierung 554 und Dolomitenweg 1) und erreichen zehn Minuten später den Pass. Das wenig befahrene Passsträßchen verbindet das Agordino mit dem Zoldano. Südlich des Duranpasses findet man überhaupt erst seit 1966 Wegzeichen. Unsere Route hinüber auf die Schiara hat der bekannte Bergsteiger Professor Giovanni Angelini markiert. Hier auf dem Pass hat sich schon so

21

mancher Venedigwanderer verlaufen, da sich direkt gegenüber dem Abstiegsweg auf der anderen Straßenseite eine alte Ausschilderung zur Pramperethütte befindet. Wir gehen jedoch nicht diesen Wiesenweg hinauf, sondern folgen der Autostraße nach rechts hinunter bis zu dem Parkplatz im Bereich der ersten großen Serpentine. Dort wandern wir bei der Wegmarkierung 543 oder Dolomitenweg 1 links in den Wald hinein. Nach einem kurzen Aufstieg zur Forcella Dagarai (1620 m) streben wir über Schotterhänge, durch Latschengestrüpp und Felslabyrinthe der von Unkraut eingewachsenen Malga Moschesin zu. Dabei verläuft unser Pfad erst ein Weilchen auf fast gleicher Höhe und steigt dann gemächlich auf 1800 Höhenmeter zur Moschesinalm an, die wir nach 2 1/4 Stunden Gehzeit vom Passo Duran erreichen. Auf der alten Holzbank vor einer der Hütten genießen wir beim Rasten die friedvolle Stille dieses einsamen Fleckchens sowie das kühle Brunnenwasser der Alm.
Wir bleiben auf dem Weg 543 bzw. Dolomitenweg 1, der uns auf die **Forcella Moschesin** (1940 m) bringt. Oben öffnet sich erneut ein Ausblick in das stille Zoldano, diesmal hinaus zum Hauptort Forno di Zoldo. Das Joch stellt auch eine der nördlichen Begrenzungen des noch jungen Nationalparks Belluneser Dolomiten dar, den wir in den nächsten zwei Tagen besser kennen lernen werden. Im Jahr 1990 gegründet, wurde der Park, der sich über 32 000 Hektar erstreckt, erst im Jahr 1993 mit einer eigenen Verwaltung ausgestattet. Oberstes Anliegen ist der Schutz der einmaligen und überaus artenreichen Flora, die sich entwickeln konnte, da Teile der Nationalparkfläche in den letzten Eiszeiten nicht vergletschert waren und andernorts ausgestorbene Pflanzen dort überleben konnten. Natürlich gibt es auch besonders schützenswerte Tierarten, so z. B. die äußerst seltene Aspisviper, die vor allem an den sonnenverwöhnten Südhängen im Bereich der Quellenalm ein Rückzugsplätzchen gefunden hat. Es kann also nicht schaden, wenn wir unsere Augen für die Schönheiten der Natur in diesem Fall besonders weit offen halten.
Unterhalb des Jochs trennt sich der Abstiegsweg ins Zoldano nach links von unserer Route, dem Dolomitenweg 1, dem wir jedoch bis Belluno die Treue halten. Kurz danach auf dem **Pra della Vedova** (»Witwenwiese«) knickt unser Pfad dann nach Süden ab. Wanderer, die sich für die Übernachtung auf der **Pram-**

21

perethütte entschieden haben oder die dort eine Pause einlegen wollen, halten sich hier weiter Richtung Osten und gelangen auf dem Weg 521 in wenigen Minuten zur Hütte.

Falls unser Tagesziel aber die Pian de Fontana ist, steht uns jetzt der Aufstieg zu den weltentrückten Gipfelgraten zwischen Monte Talvena und Cime di Città bevor. Über Latschenhänge führt der Weg Nr. 514 hinauf zur Portela del Piazedel (2097 m) und weiter über Schotterterrassen zur Forcella la Sud dei Van di Città, wo wir nach etwa 1 1/2 Stunden mit knapp 2400 Metern den höchsten Punkt der Etappe erreicht haben. Von nun an geht's bergab und zwar teilweise sehr steil, weswegen nochmals volle Konzentration angesagt ist. Wie weite Logen in einem riesigen Amphitheater öffnet sich beim Abstieg zum Rifugio Mulde um Mulde. Die seit geraumer Zeit nicht als Viehweide genutzten Wiesen sehen ungewohnt aus. Anders als in anderen Nationalparks existiert hier ein Bewirtschaftungsverbot, das auch konsequent umgesetzt wird. So kommt man in den Genuss einer Bergwelt, die sonst selten zu finden ist. Nach etwa 1 1/2 Stunden Gehzeit erreichen wir schließlich das wunderschön gelegene **Rifugio Pian de Fontana** (1632 m).

Abendstimmung auf dem Pra della Vedova

22 Über die Schiara

Die Klettersteig-Etappe: Rifugio Pian de Fontana – Casonet di Nerville – Forcella del Marmol – Bivacco del Marmol – Rifugio 7° Alpini

anspr.

7 km

8 Std.

↑670 m
↓860 m

Tourencharakter: Schwierige und lange Bergtour, nur bei ausgezeichneten Wetterverhältnissen empfehlenswert; alternativ kann leicht auf die Bianchethütte abgestiegen werden.
Ausgangspunkt: Rifugio Pian de Fontana.
Endpunkt: Rifugio 7° Alpini.
Wanderkarte: Kompasswanderkarte 77 Alpi Bellunesi, 1:50 000; Tabacco 4 Dolomiti Agordine e di Zoldo, 1:50 000; Tabacco 024 Prealpi e Dolomiti Bellunesi, 1:25 000.
Markierung: Wegmarkierung 514 oder Dolomitenweg 1 (Dreieck mit Nr. 1).
Verkehrsanbindung: Busverbindung beim Abstieg zur Bianchethütte.
Einkehr: Keine am Weg.
Unterkunft: Rifugio Furio Bianchet, CAI-Sektion Belluno, Tel. 0437/66 92 26, 1. Juni bis 30. September; Rifugio 7° Alpini, CAI-Sektion Belluno, Tel. 0437/94 16 31, 15. Juni bis 30. September.
Tourist-Info: Parco Nazionale Dolomiti Bellunesi, Piazzale Zancanaro 1, I-32032 Feltre, 0439/33 28.

Das gewaltige Massiv der Schiara ist die letzte über 2000 Meter hohe Felsbastion, die es auf unserem Weg zu überwinden gilt. Dieser schroffe und zerklüftete Bergstock bildet einen jähen Kontrast zu den Wiesen und Buchenwäldern im ersten Teil der Etappe. Zum krönenden Abschluss zeigen sich die südlichen Dolomiten noch einmal in ihrer ganzen Schönheit. Die Überschrei-

Aufstieg zum Varetta-Joch

22

Tipp

Leider gibt es im Cordèvoletal keinen Wanderweg. Auch das flache, sehr kiesige Flussbett ist nicht durchgängig begehbar. Die Straße ist ziemlich verkehrsreich; es ist deswegen empfehlenswert, mit dem Bus nach **Belluno** zu fahren. Die Wartezeit auf dieser nicht allzu häufig bedienten Buslinie kann man sich gegebenenfalls in dem traditionsreichen Wirtshaus »La Stanga« vertreiben, das sich etwa zwei Kilometer talabwärts von unserem Abstiegsweg auf der linken Straßenseite befindet. Das uralte Gebäude diente in vergangenen Zeiten als Poststation und war auch Haltepunkt einer inzwischen nicht mehr existierenden Bahnlinie. Unsere Bushaltestelle liegt direkt gegenüber auf der anderen Straßenseite.

tung der Schiara ist eine anspruchsvolle Bergtour, die nur bei gutem Wetter in Angriff genommen werden sollte. Klettersteigausrüstung (Helm und Klettergurt) ist erforderlich. Bergwanderer, die nicht die nötige Ausrüstung dabei haben, sollten den Abstieg über die Bianchethütte wählen. Auch bei schlechtem Wetter ist diese Variante ratsam.

Der Wegverlauf

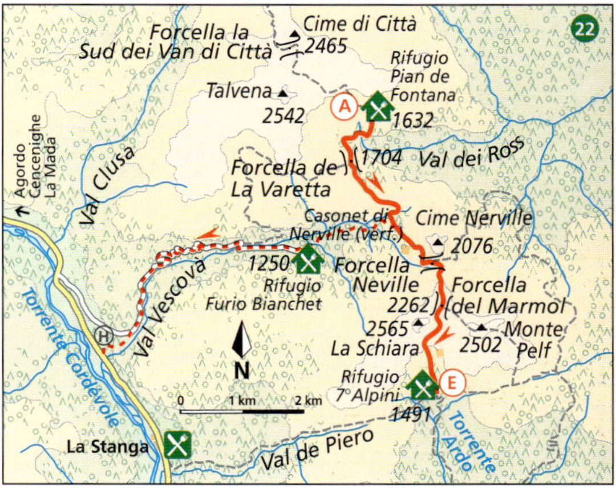

Vom **Rifugio Pian de Fontana** wandern wir durch die Laubwälder des Val dei Ross zunächst bergab in den Talgrund, den wir schnell erreicht haben. Auf der anderen Talseite geht's sogleich wieder zügig ansteigend hinauf zur Forcella de La Varetta. Weitgehend eben verläuft unser schmaler Pfad nun dahin. Hohe Gräser neigen sich zum Weg und lassen ihn stellenweise wie zugewachsen erscheinen. Wie oft kann man heute noch eine so unberührte Natur genießen! An einer Bergflanke entlang führt uns das enge und stellenweise beinahe als ausgesetzt zu bezeichnende Steiglein zum oberen Talabschluss des Val Vescová. Rechts fällt der Hang steil ab; fast 500 Meter unter uns liegt versteckt im Wald das Rifugio Furio Bianchet.

Abstiegsvariante: Noch bevor wir die **Casonet di Nerville** erreichen, zweigt nach etwa 1 1/2 Stunden rechts der Weg Nr. 518

22

Richtung Bianchethütte ab. Hier ist genau auf die Beschilderung zu achten, denn in dem dichten Gestrüpp, das uns nun umgibt, ist die Abzweigung leicht zu verpassen. Zunächst recht steil bergab durch das struppige Buschwerk und später dann durch dichte Wälder steigen wir in etwa 45 Minuten zum großen und rustikalen Rifugio Furio Bianchet (1250 m) ab. Hier kann man auch die Abfahrtszeiten der Busse nach Belluno erfahren. Nach einer Übernachtung auf dieser Hütte, die übrigens Eigentum der Forstbehörde ist und von der CAI-Sektion Belluno nur bewirtschaftet wird, wandert man am nächsten Tag gemütlich ins Cordèvoletal. Dazu folgt man der Zufahrtsstraße durch das Val Vescová. Bei Höhenmeter 700 zweigt links ein kleiner Fußweg ab (Ausschilderung »Bus«). Man erspart sich damit die lange Schleife der Fahrstraße nach Pinel und La Muda. An der Autostraße im Tal befindet sich nach etwa 300 Metern rechts eine Bedarfshaltestelle der Buslinie (Gehzeit Hütte – Autostraße: 1 3/4 Std.).

Biwakschachtel, am Einstieg zur Via ferrata Marmol

Übersteigung der Schiara: Wollen wir heute die Schiara mit Hilfe des »Eisenwegs« bezwingen, so bleiben wir weiter auf dem Weg 514 bzw. Dolomitenweg 1. Vorbei an der verfallenen Casonet di Nerville steigen wir in Richtung Forcella Nerville auf. Unterhalb des Jochs zweigt links ein Pfad ins Vallon delle Masnade ab. Wir bleiben rechts auf dem Weg 514, der sich bald nach Süden in die Schlucht zwischen Schiara und Monte Pelf wendet. Dieser durchgehend gut markierte Steig führt uns schließlich zur **Forcella del Marmol** (2262 m), auf der wir nach nicht ganz vier Stunden Gehzeit angekommen sind. Hier oben auf der Scharte halten wir uns rechts und achten dabei sorgfältig auf die Markierungen. Wegen des dauernden Steinschlags aus der brüchigen Westwand des Monte Pelf wäre es äußerst gefährlich, in die vereiste Südschlucht abzusteigen. Dennoch verlief hier der ursprüngliche, ebenfalls

22

tipp

Ohne die nötige Erfahrung sollte man den Abstieg über den Klettersteig vermeiden. Es reicht nicht aus, im Sporthaus eine Ausrüstung zu erstehen und sich dabei in fünf Minuten vom Verkäufer erklären zu lassen, wie man sie benutzt. Meistens bieten jedoch z. B. die örtlichen Alpenvereinssektionen **Klettersteigkurse** an, bei denen man an einem oder zwei Wochenenden die wichtigsten Verhaltensregeln von erfahrenen Bergsteigern lernen kann.

mit der Nummer 514 bezeichnete Weg. Dieser ist zwar längst aufgelassen, kann allerdings in älteren Karten immer noch eingezeichnet sein. Nach etwa fünf Stunden erreichen wir das **Bivacco del Marmol**, wo die Steiganlage der Via ferrata Marmol beginnt. Diese erleichtert uns mit Hilfe von Eisenleitern und Seilsicherungen den Abstieg über die Ostseite der Schiara-Südwand 600 Höhenmeter hinab zum Wandfuß. Dabei sind die Eisenleitern aber nie länger als ein Dutzend Sprossenabstände, und auf die drahtseilgesicherten, luftigen Wandstufen folgen immer wieder Geröllabschnitte, bei denen sich der Puls wieder beruhigen kann. Nun kommt die vorausgeschickte Klettersteigausrüstung zum Einsatz. Selbstsicherung und Steinschlaghelm dienen der eigenen Sicherheit, zum Schutze anderer achten wir streng darauf, keine Steine loszutreten. Schöne und beinahe Furcht erregende Felsszenarien öffnen sich hier dem mutigen Bergsteiger. Auf den Grasschultern vor dem **Rifugio 7° Alpini** (1491 m) liegen dann die alpinen Gefahren weitgehend hinter uns. Beim Abstieg zur Hütte sollte man noch einen Blick auf die Bäume am Wegesrand werfen: Buchen stehen hier auf einer Höhe von bis zu 1800 Metern. Die sonnigen Gefilde des Südens sind erreicht!

An den Cime di Città, Steinmännchen waren wertvolle Orientierungspunkte

23 Vom Rifugio 7° Alpini nach Belluno

Abschied von den Dolomiten: Rifugio 7° Alpini – Case Bortot – Bolzano Bellunese – Vezzano – Belluno

leicht

13 km

4 Std.

↑90 m
↓1200 m

Tourencharakter: Trotz des langen Abstiegs leichte Bergwanderung.
Ausgangspunkt: Rifugio 7° Alpini.
Endpunkt: Belluno.
Wanderkarte: Kompasswanderkarte 77 Alpi Bellunesi, 1:50 000; Tabacco 4 Dolomiti Agordine e di Zoldo, 1:50 000; Tabacco 024 Prealpi e Dolomiti Bellunesi, 1:25 000.
Markierung: Wegmarkierung 501 oder Dolomitenweg 1 (Dreieck mit Nr. 1).
Verkehrsanbindung: Bus- und Zugverbindung in Belluno.
Einkehr: Keine.
Unterkunft: Zahlreiche Hotels in Belluno, z. B. Hotel Astor, Piazza dei Martiri 26/e, I-32100 Belluno, Tel. 0437/ 94 20 94.
Tourist-Info: Informazione e Assistenza Turistica, Piazza dei Martiri 8, I-32100 Belluno, Tel. 0437/94 00 83.

Heute heißt es Abschied nehmen von den Dolomiten. Nachdem wir die Nacht noch im Schoß einer wilden Gebirgslandschaft verbracht haben, werden wir am Ende dieser Halbtageswanderung von der lieblichen Atmosphäre des warmen Südens umschmeichelt, die uns mit Maronibäumen, Zedern und venezianischer Kunst empfängt.

Die Schiara mit der Felsnadel Gusela von Süden

Der Wegverlauf

Auf dem Weg 501 steigen wir vom **Rifugio 7° Alpini** hinab ins Tal des Torrente Ardo. Schnell verlieren wir an Höhe. Kurz hinter den Casera dei Albrech und der Abzweigung des Wegs 507 überqueren wir bei Höhenmeter 680 den Gebirgsbach und müssen nun an der rechten Talseite doch noch einige Meter aufsteigen, bis wir schließlich nach etwa 2 1/2 Stunden an den **Case Bortot** (750 m) die Straße nach Belluno erreichen. Im Jahr 1985 wurde dort ein Denkmal für die Gründer des Dolomitenhöhenwegs Nr. 1 errichtet. Über die Orte Gioz, Bolzano Bellunese und Vezzano erreichen wir den Ortsrand von Belluno. Wir überqueren an der Brücke nicht den Ardo, sondern gehen geradeaus direkt ins Stadtzentrum.

Belluno, die Hauptstadt der gleichnamigen Provinz, liegt auf 373 Meter Meereshöhe an der Mündung des Ardo in den Piave und gilt mit ihren 36 000 Einwohnern als eine der schönsten Städte Italiens. Im Jahr 1999 war sie »Alpenstadt des Jahres«, ein Titel, der von einer internationalen Jury verliehen wird. Diese Auszeichnung ist Ehre und Verpflichtung zugleich, sollen doch die titeltragenden Städte ihre Situation und Funktion im Alpenraum kritisch hinterfragen und konkrete Projekte nachhaltiger Entwicklung im Sinne der Alpenkonvention realisieren.

Nach den Anstrengungen der letzten Tage können wir uns hier ruhigen Gewissens einen Ruhetag gönnen, zumal es hier so viele Sehenswürdigkeiten zu bewundern gibt. Das geschäftige Stadtzentrum von Belluno ist der großzügige Hauptplatz Piazza dei Martiri. Hier finden wir die Touristeninformation, die deutschsprachiges Informationsmaterial für Besucher bereithält. In der kleinen Buchhandlung direkt neben dem Hotel Astor können wir uns auch noch mit Landkarten für die nun folgenden Etappen versorgen.

24 Von Belluno nach Revine

Über den Nevegal: Belluno – Castiòn – Castoi – Valmorel – Casera Monte Gal – Revine

leicht

25 km

8 Std.

↑750 m ↓850 m

Tourencharakter: Jochvariante (Hauptroute): leichte, aber lange Wanderung durch abwechslungsreiche Landschaft auf kaum befahrenen Sträßchen; Gipfelvariante: zusätzliche Übernachtung am Kamm des Nevegal. Bei beiden gelegentlich etwas Orientierungssinn nötig.
Ausgangspunkt: Belluno.
Endpunkt: Revine.
Wanderkarte: Tabacco 4 Dolomiti Agordine e di Zoldo, 1:50 000; Belletti V223 Le Prealpi di Vittorio Veneto, 1:50 000 (Achtung, die Karten von Belletti sind sehr ungenau, stellenweise auch falsch); Tabacco 024 Prealpi e Dolomiti Bellunesi, 1:25 000.
Markierung: Keine bei der Jochvariante, bei der Gipfelvariante siehe Text. Beim Abstieg vom Pian de le Femene rote Wegmarkierung 1032.
Verkehrsanbindung: Busverbindung in Revine.
Einkehr: In der Hauptsaison in Valmorel und am Joch (Pian de le Femene).
Unterkunft: Ai Cadelach Hotel Giulia, Via G. Grave 1, Revine Lago, Tel. 0438/52 30 10; bei der Gipfelvariante Übernachtung im Rifugio 5° Art. Alpina, Tel. 0437/2 71 10 und in Tarzo im Albergo Ai Pini, Vicolo dei Pini 6, I-31020 Tarzo, Tel. 0438/58 62 06, Di und Mi Ruhetag.
Tourist-Info: Informazione e Assistenza Turistica, Piazza dei Martiri 8, I-32100 Belluno, Tel. 0437/94 00 83.

Der Nevegal ist der Hausberg der Belluneser, genau wie das Brauneck der Hausberg der Münchner ist. Im Winter herrscht reges Skitreiben, und viele Einheimische haben dort Ferienhäuser. Ein letztes Mal auf dieser Wanderung kommt das Gefühl auf, dass wir eine Bergtour machen, denn die Hänge des Nevegal mit ihren Almwiesen erinnern tatsächlich an das Voralpenland.

Piavetal mit Belluno und den südlichen Dolomiten

Der Wegverlauf

Nur der Nevegal trennt uns noch von der oberitalienischen Ebene. Um ihn zu überwinden, bieten sich zwei Möglichkeiten an. Unsere Hauptroute, die Jochvariante, führt über den Sattel zwischen Monte Boral und den Col della Poiatte nach Revine. Bei der Gipfelvariante erklimmt man den Col Visentin, übernachtet dort und steigt erst am folgenden Tag ab (man benötigt also einen

> **Tipp**
> **Achtung:** Auf den Karten von Belletti und Kompass ist der Straßenverlauf völlig falsch eingezeichnet! Den korrekten Verlauf geben die Tabacco-Karten wieder.

24

Zusatztag!). Bei klarem Wetter, wenn man vom Kamm des Nevegal bis nach Venedig und zur Adria sehen kann, ist die Übernachtung auf dem Col Visentin und der lange Panoramaweg ein unvergessliches Erlebnis.

Am südlichen Ortsausgang von **Belluno** überqueren wir die große Piavebrücke. Nach nur wenigen Metern auf der viel befahrenen Straße nehmen wir die Abzweigung links nach Castiòn und dem Ort Nevegal. Sogleich zweigt erneut links ein kleines Sträßchen ab, das auf den ersten Blick fast wie eine Einfahrt aussieht. Das ansteigende Sträßchen, auf dem wir nun bleiben, ist bald für den Autoverkehr gesperrt. Ein herrlicher Ausblick über die Ponte delle Vittoria und die malerische Altstadt mit der beeindruckenden Schiara und dem Monte Pelf im Hintergrund öffnet sich. Auf ruhigem Weg aufwärts steigend, kommen wir zurück zur Hauptstraße und danach ins Dorf **Castiòn**. Etwa 300 Meter hinter dem Ortseingang biegen wir rechts in die Nebenstraße Via del Favero ein. Auf dem

24

Dorfplatz, an dem fünf Straßen münden, trennen sich Gipfel- und Jochvariante.

Jochvariante: Wir verlassen den Platz nach rechts, wandern zum Ortsausgang und von dort nach links auf der wenig befahrenen Landstraße hinunter ins Tal des Torrente Turriga. Nachdem wir eine alte Mühle passiert haben erreichen wir **Castoi**. Hier schwenken wir nach links und wandern oberhalb des Torrente Cicogna stetig bergan. Vorbei an den malerischen Dörfchen Cet, Pian del Monte und Tassei gelangen wir in 3 1/2 Stunden nach **Valmorel** (808 m). Im Ort biegen wir links ab, folgen der Straße bis zur zweiten Abzweigung nach links (Höhenpunkt 833) und gelangen so zur **Casera Monte Gal** (920 m). Hier an der Alm wird die Fahrstraße zu einem Wirtschaftsweg über die Almwiesen, der uns schließlich zum Pass führt. Abzweigende Almwege, die oft blind an einer Weide enden, sorgen stellenweise für Verwirrung. Im Zweifelsfall halten wir uns immer in Richtung Talgrund. Nach dem letzten Aufstieg über einen steinigen Weg durch ein Wäldchen ist auf einer Höhe von 1100 Metern auf die Querstraße zu achten, die nach links zu den bewirtschafteten Hütten auf dem **Pian de le Femene** abbiegt. Sowohl Abzweig als auch Hütten sind nur bei einem Blick nach hinten zu sehen (1 1/2 Std. von Valmorel). Bei den Gebäuden beginnen die Abstiegswege, die für beide Varianten identisch sind und weiter unten beschrieben werden.

Die Wirtsleute Graziella und Giovanni vom Col Visentin, 1763 m

Gipfelvariante: Über den Dorfplatz von Castiòn wandern wir geradeaus nach Faverga (Via Faverga) und Cirvoi (Via Cirvoi). Hier wird das Sträßchen (Via Col del Gou) noch schmaler und die Steigung nimmt zu. Ungefähr zwei Kilometer nach Cirvoi an der Gabelung der Wirtschaftswege oben im Bergwald (ca. 825 Höhenmeter) halten wir uns rechts. Wir meistern nochmals 1,5 Kilometer Autostraße und gelangen auf stillem Weg zur Hotelsiedlung **Nevegal** (1024 m). Ab der Liftstation steigen wir zunächst auf dem Weg 1 Richtung Rifugio Bristot bis zu einer Höhe von etwa 1200 Metern auf. Dann folgen wir der Markierung Nr. 6 zu den Casera Col Toront

24

tipp

Der Aufstieg kann mit der Buslinie über Faverga und Cirvoi bis zur Hotelsiedlung Nevegal und dem Sessellift auf das Col Faverghera um die Hälfte verkürzt werden. Auskünfte zu den Fahrzeiten erhält man in der Touristeninformation Belluno oder am Busbahnhof. Aber selbst mit dieser Hilfe ist die Tour wegen des langen Abstiegs kaum an einem Tag zu bewältigen. Auch bis nach La Casera am Nordende des Kammes existiert eine Buslinie. Wer den Gratweg von hier aus begehen will, kann bei den Casera Faverghera einen botanischen Alpengarten besichtigen, der auf etwa 1540 Meter Meereshöhe liegt.

(ca. 1400 m) und weiter dem naturbelassenen Weg Nr. 7 zum Fahrweg Nr. 13. Dieser bringt uns endlich auf den **Col Visentin**. Direkt dort liegt das Rifugio 5° Art. Alpina, in dem wir die Nacht verbringen. Für diesen Aufstieg von 1400 Höhenmetern über eine Strecke von 18 Kilometern müssen wir eine Gehzeit von fünf bis sechs Stunden kalkulieren. Am nächsten Tag steigen wir zuerst auf der breiten Schotterstraße 2,5 Kilometer zur Forcella Zoppei ab (1417 m). Hier verweist ein Pfosten mit Schild nicht nur auf den Traumpfad München–Venedig, sondern auch auf die Wanderroute 1 der Provinz Treviso (TV1). Die Inschrift »Sentiero Panoramico« verrät auch – klare Sicht vorausgesetzt – was uns während der nächsten fünf Kilometer auf dem Kammpfad hinüber zum Pian de le Femene erwartet. Pfadspuren, Zufahrtswege und hier und dort rote Markierungen weisen uns die Richtung. Einmalige Ausblicke und die reiche Flora verkürzen den Weg. Er führt über Monte Agnellezze (1502 m) und Monte Pezza (1436 m) zum Col della Poiatte und hinunter zum Rifugio Mamel (1140 m, Einkehr- und Übernachtungsmöglichkeit) auf dem **Pian de le Femene**.

Abstieg für beide Varianten: Zum Abstieg aus der Almregion bietet sich neben der Autostraße, die uns über Serpentinen in zwei Stunden nach Revine führt, ein steiler und steiniger Fußweg mit der Nummer 1032 an. Der Einstieg ist ein Wiesenweg gegenüber dem Rifugio Mamel (Pfosten mit Hinweis). Nun gilt es die letzten alpinen Höhenmeter, 900 an der Zahl, zu überwinden! Nach Zufahrten, die zu überqueren sind, setzt sich der Abstieg immer wieder über Böschungen fort (rote Markierungen). Das letzte Stückchen des Abstiegs verläuft über einen Grasweg und über Ortsstraßen von Revine: Via Belvedere und Via della Valle. Auf der Hauptverkehrsstraße nach rechts erreichen wir das Hotel Giulia. Weitere Übernachtungsmöglichkeiten bestehen im Ort Tarzo, der direkt auf der Wanderstrecke des folgenden Tages liegt (Wegbeschreibung siehe dort, Gehzeit eine Stunde).

25 Von Revine nach Priùla

Das Hügelland: Revine – Mulinetto della Croda – Refrontolo – Collalto – Priùla

leicht | 27 km | 6 Std. | ↑350 m ↓510 m

Tourencharakter: Leichte Hügelwanderung, teilweise über Wanderwege und Nebenstraßen, vereinzelt auch über stärker befahrene Straßen, Orientierungssinn erforderlich.
Ausgangspunkt: Revine.
Endpunkt: Priùla.
Wanderkarte: Belletti V223 Le Prealpi di Vittorio Veneto, 1:50 000.
Markierung: Wegmarkierung 1051 bei Tarzo, sonst keine durchgehende.
Verkehrsanbindung: Busverbindung in Revine, Bus und Bahn in Priùla (Bahnhof hinter dem Albergo Ponte Priùla, heißt offiziell Haltepunkt Susegana).
Einkehr: In den durchquerten Orten.
Unterkunft: Albergo Ponte Priùla, Via 4 Novembre 4, I-31010 Priùla, Tel. 0438/2 70 45 (direkt an der Brücke); Hotel San Carlo, Via 4 Novembre 105; I-31010 Priùla, Tel. 0438/2 70 22 (ca. 300 m von der Brücke); weitere Unterkünfte in Conegliano (mit Bahn und Bus zu erreichen).
Tourist-Info: Verkehrsverein Conegliano, Via 20 Settembre 61, I-31015 Conegliano, Tel. 0438/2 12 30.

Die erste Wanderung südlich der Alpen erschließt eine reich gegliederte Landschaft, mit kleinen Feldgehölzen, verträumten Bachtälern, entlegenen Bauernhöfen und Weingärten. Erstaunlich friedlich ist die Atmosphäre dieser schönen Hügellandschaft.

Der Wegverlauf

Die malerisch gelegene »Mulinetto della Croda«

In **Revine** wandern wir zuerst ein kurzes Stückchen auf der Hauptstraße zum See hin, verlassen diese aber bereits an der ersten Abzweigung nach links Richtung **Tarzo**. Etwa auf halber Strecke zwischen beiden Orten findet sich rechts ein Lebensmittelgeschäft, in dem wir uns mit Proviant eindecken können. Nachdem wir die ersten Häuser von Tarzo erreicht haben, biegen wir links ab und bleiben bis zum Hotel Venezia auf der Hauptstraße. Dort folgen wir dem Wegweiser »Reseretta« nach rechts. Auf der leicht ansteigenden Straße gelangen wir an einem Krankenhaus vorbei zur Beschilderung »loc. Reseretta«, wo wir nun die nach Westen abknickende Straße verlassen und uns an das kleine Dorfsträßchen halten, das links exakt nach Süden in ein Tal abfällt. Wir passieren Häuser und

Gärten und unser Sträßchen wird zur Betonplattenstraße, dann zum Kiesweg und verliert sich zuletzt in den Wanderweg 1053. An einer Gabelung finden wir ein Hinweisschild nach Prapian, dem wir folgen. Im weiteren Verlauf verbreitert sich der Weg wieder zu einer Straße, die unten in der Senke angekommen, in einer T-Einmündung endet (190 m). Die Beschilderung Prapian di Arfanta und Mondragon di Arfanta schickt uns nach rechts. Auf Serpentinen steigen wir dann die 110 Höhenmeter zum Sattel zwischen Monte Croce und Monte Mondragon auf. Wir passieren die kleine Kapelle an der rechten Straßenseite, halten uns auf der folgenden Kreuzung etwas versetzt nach rechts und wieder geradeaus. Das Schild **»Mulinetto della Croda«** weist uns den Weg. Auf einer Kiesstraße erreichen wir die malerische Mühle zwei Stunden nach unserem Aufbruch. Leider öffnet die beliebte Ausflugsgaststätte erst am Nachmittag, also zu spät für Venedigwanderer. Ein angenehmer Rastplatz mit schattigen Bänken und kühlem Trinkwasser findet sich jedoch vor dem alten Gebäude.

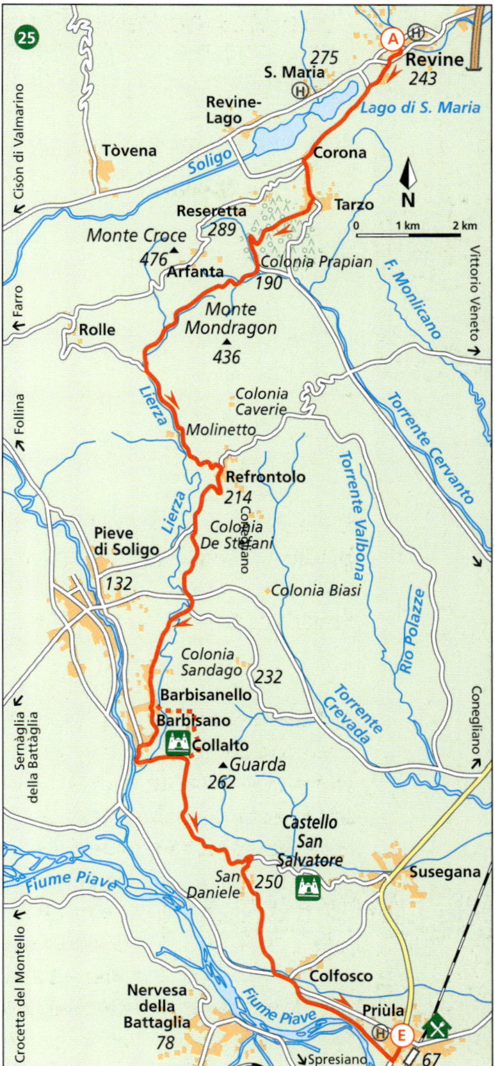

25

Der Lauf des Flüsschens Lierza leitet uns von hier weiter nach Refrontolo. Vor dem Ort trennt sich die nun leicht ansteigende Straße von der Lierza. In **Refrontolo** biegen wir zweimal rechts ab und verlassen es Richtung Süden (Beschilderung Conegliano). Bei der Kreuzung, an der sich unsere Straße mit der aus Pieve di Soligo und Conegliano trifft, wandern wir weiter geradeaus nach Barbisanello. Hier kommt nun die **Burg Collalto** in Sicht. Um dem Verkehrslärm zumindest für einige Minuten zu entgehen, halten wir uns beim scharfen Straßenknick in Barbisanello nicht rechts, sondern geradeaus Richtung Sportplatz. Jetzt haben wir in dem Wohngebiet noch etwas Ruhe, bevor unser Weg rechts abbiegt und wieder zur Hauptstraße zurückführt. Dort wenden wir uns nach links und an der Abzweigung zur Burg Collalto nach wenigen Schritten erneut nach links. Auf der Straße hinauf zur Burg ist erfreulich wenig Verkehr. Oben beginnt ein einsames Sträßchen, auf dem wir Richtung Süden bzw. Südosten den Höhenrücken entlang spazieren. Kurz nachdem unser Wanderweg wieder zu einer Teerstraße geworden ist, finden wir die Ausschilderungen »Via San Daniele« und »Colfosco«, die uns durch den Ort San Daniele hindurch hinunter zur Hauptstraße und weiter nach Colfosco weisen. Hinter Colfosco setzen wir unseren Weg auf dem gut sichtbaren Piavedamm fort, den wir bis zur **Ponte della Priùla** begehen können (von der Mühle 4 Std.). Hier im Ort gibt es einen Supermarkt, eine Pizzeria, einen Zeitschriftenladen mit Landkarten und noch einige weitere Geschäfte. Die Straße durch Priùla ist eine der wichtigsten Fernverbindungen in der Ebene mit dementsprechend viel Verkehr. Mit Glück bekommen wir in unserem Albergo ein Zimmer mit Fenster zum Hof. Ruhiger und angenehmer übernachtet man in Conegliano, das mit Bus und Bahn recht schnell zu erreichen ist.

Tipp

Nicht ganz einfach zu finden, jedoch kürzer ist folgende Wegvariante zur Burg Collalto: Wir halten uns ebenfalls Richtung Sportplatz (Via St. Croce) und biegen bei einer Kapelle links in die Via Alexander Fleming. Die Via Rivandelle führt uns bald rechts hinunter zu Bach und Brücke. Nach dieser wenden wir uns rechts, kreuzen ein Seitenbächlein und folgen dem Wiesenpfad aufwärts. Durch ein Wäldchen gelangen wir zu einem Weingarten, in dem wir links und dann gleich wieder rechts auf breitem Grasstreifen bergauf zu einem Haus weiterwandern. Hier treffen wir auf die Zufahrtsstraße. Wir achten auf ein einzelstehendes Haus rechts: Kurz danach fällt die Straße etwas ab und links findet sich ein Durchschlupf hangaufwärts zu einem weiteren Weingarten. Nach dem Erklimmen der Böschung dort kommt rechts die Burg in Sicht, auf die wir nun einige Schritte direkt zuhalten, um bald wieder links zwischen einer Garage und Wohngebäuden hindurch die Straße zu erreichen. Nach rechts am Friedhofstor (Brunnen) vorbei schneiden wir eine Straßenkurve ab und halten uns unten – wieder am Hauptweg angekommen – links.

Von Priùla nach Bocca Callalta

26

Die Ebene: Priùla – Salettuol – Maserada – Candelù – Saletto – Bocca Callalta

Tourencharakter: Leichte Wanderung durch die Ebene, teilweise weglos am Piavebett, stellenweise über viel befahrene Straßen; Orientierung im ersten Streckenteil nicht ganz einfach.
Ausgangspunkt: Priùla.
Endpunkt: Fagarè/Bocca Callalta.
Wanderkarte: Belletti V222 Treviso ed il Piave, 1:50 000; Carta d'Italia 105 (Treviso) und 106 (St. Donna di Piave), 1:50 000.
Markierung: Keine.
Verkehrsanbindung: Busverbindung z. B. in Bocca Callata und Priùla.
Einkehr: In den am Weg liegenden Ortschaften oder am Tagesziel.
Unterkunft: Albergo Ristorante Desiderio, Via Postumia Est 160, I-30024 Fagarè, Tel. 0422/79 00 01 od. 89 01 01, Mittwoch Ruhetag.
Tourist-Info: Fremdenverkehrsamt Treviso, Piazza Monte di Pietà, I-31100 Treviso, Tel. 0422/54 76 32.

leicht
26 km
6 Std.
↑0 m
↓0 m

Das Veneto, durch das wir in den folgenden drei Etappen wandern, ist eine Region mit zwiespältigem Charakter. Zwar gibt es Gegenden von großer landschaftlicher Schönheit, vor allen Dingen aber ist es seit der Antike einer der wirtschaftlich am intensivsten genutzten Landstriche Italiens. Zersiedelung ist ein Preis, der dafür zu zahlen ist, die Begleiterscheinungen ungehemmter Mobilität ein anderer. Die Routen des heutigen Tages und der noch folgenden Wanderetappen sind so ausgewählt, dass wir – soweit es eben geht – hiervon verschont bleiben. Deswegen nehmen wir auch nicht den kürzesten Weg über Treviso und Mestre

Alter Kalkofen am Piave

26

nach Venedig, sondern folgen dem Verlauf des Piave Richtung Jesolo. Leider hat hier – anders als im Isartal – kein Wanderverein für Markierungen und Wege gesorgt. Deswegen müssen wir uns zum Teil weglos durch diese Wildflusslandschaft vorarbeiten und auch ab und zu auf Straßen ausweichen.

Der Wegverlauf

Obwohl wir den Gefahren des Hochgebirges nun entronnen sind, ist diese Etappe in Hinblick auf die Orientierung stellenweise nicht weniger abenteuerlich als eine weglose Wanderung in den Alpen. Zunächst arbeiten wir uns zwischen den Häusern der Siedlungen entlang des Piave und dem Flussbett vor. Beim Ortsausgang von **Priùla** überqueren wir die große Piavebrücke, um auf die südliche Flussseite zu gelangen. Dort wenden wir uns links auf den Hochwasserdamm. Nach wenigen Metern erreichen wir eine Bahnbrücke, bei der wir den Damm verlassen. Teilweise über kleine Wege im breiten Piavebett, teilweise am Damm entlang, wandern wir in 1 1/2 Stunden zur Brücke der Autobahn A27.

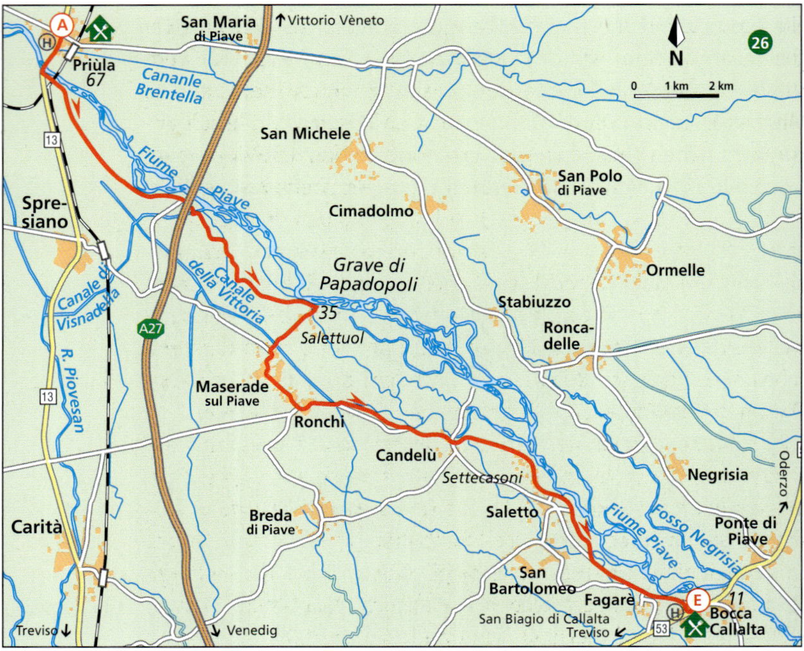

26

Tipp

Einen Abendspaziergang wert ist das am südwestlichen Ortsausgang von Bocca Callalta gelegene **Kriegerdenkmal** (Via Postumia Est 89, 10 Min. vom Albergo), mit dem der Gefallenen der blutigen Piave-Schlachten in den Jahren 1917/18 gedacht wird. Die unvorstellbare Zahl von 10 541 Toten ist hier bestattet, die Hälfte davon ist unbekannt. Obgleich das monumentale Gebäude und die heroischen Inschriften heutzutage nicht mehr ganz unserem Empfinden entsprechen, vermögen sie doch die Gräuel des Krieges zu vermitteln. Sie erinnern zudem daran, dass die italienische Geschichtsschreibung bei der Errichtung des Denkmals im Jahre 1935 den Ersten Weltkrieg auch als Befreiungskrieg vom österreichisch-ungarischen Kaiserreich verstanden hat. Der Piave, an dessen Ufern die entscheidenden Kämpfe ausgetragen wurden, ist seit dieser Zeit für die Italiener der »heilige Fluss des Vaterlandes«.

Hier müssen wir den Fluss verlassen, da uns der Canale di Visnadella, der hier in den Piave mündet, den Weg abschneidet. Das Teersträßchen hinter der Autobahn führt uns jedoch zu einer kleinen Brücke. Nach der Überquerung des Kanals schwenken wir bei der ersten Möglichkeit wieder nach links. Unser Weg knickt zunächst rechts ab, wendet sich aber kurz darauf wieder nach links Richtung Fluss. Ab hier halten wir uns immer zwischen dem Flussbett und der Kulturlandschaft und erreichen teils weglos, teils über Zufahrtsstraßen zu Kieswerken das Dorf **Salettuol**.

Nur ganz Abenteuerlustige bleiben jetzt noch im von Zufahrtswegen zerschnittenen Kiesbett, alle anderen marschieren auf dem Sträßchen Richtung Süden in das etwa zwei Kilometer entfernte **Maserada**, in dem wir drei Stunden nach unserem Aufbruch ankommen. Unsere Route verläuft jetzt noch ein kurzes Stück weiter auf der viel befahrenen Landstraße nach Saletto, beim Kreisverkehr hinter dem Ortsausgang wechseln wir aber auf den deutlich sichtbaren Hochwasserdamm. Die Dammkrone ist zwar mehr oder weniger weglos, aber dennoch gut begehbar und wir kommen recht zügig voran. Der nördliche Ortseingang von **Candelù** liegt nach weiteren 1 1/2 Stunden vor uns. Ab hier trägt der Damm nun eine Fahrstraße, der wir folgen, auch, nachdem die Straße sich vom Damm trennt. Vorbei an Gärtnereien und Baumschulen laufen wir nach **Saletto**. Hinter der Ortschaft treffen wir wieder auf den Damm und wandern auf ihm bis zu seinem Ende vor Fagarè. Dort müssen wir dann zurück auf die Straße. Vor **Bocca Callalta** verlassen wir sie nach rechts, um die Eisenbahnbrücke zu unterqueren. Um zur einzigen Übernachtungsmöglichkeit am Ort, dem Albergo Desiderio, zu gelangen, biegen wir an der Hauptstraße links in Richtung der Piavebrücke ab (von Candelù 1 1/2 Std.).

27 Von Bocca Callalta nach Jesolo

Der Geruch des Meeres: Bocca Callalta – Fossalta – Croce – Musile – Caposile – Jesolo

leicht

31 km

8 Std.

↑0 m
↓0 m

Tourencharakter: Leichte, aber sehr lange Wanderung entlang des Piavedamms und auf Nebenstraßen, in kurzen Teilstücken auch auf viel befahrenen Straßen.
Ausgangspunkt: Bocca Callalta.
Endpunkt: Jesolo.
Wanderkarte: Belletti V218 Litorale di Jesolo, 1:50 000; Carta d'Italia 106 (St. Donna di Piave) und 128 (Venezia), 1:50 000.
Markierung: Keine.
Verkehrsanbindung: Busverbindung z. B. in Bocca Callalta, Caposile und Jesolo, Bahnverbindung in S. Donna di Piave.
Einkehr: Zensòn, Fossalta, Musile, Caposile, danach keine Einkehrmöglichkeit mehr.
Unterkunft: Hotel Ristorante Udinese da Aldo, Via C. Battista, I-30016 Jesolo, Tel. 0421/95 14-07 oder -09.
Tourist-Info: Azienda di Promozione Turistica, Piazza Brecia, I-30017 Lido di Jesolo, Tel. 0421/37 06 88.

Brücken-Pfeiler in Alt-Jesolo: Mahnung für den Frieden

Heute Abend werden wir schon den Geruch des Meeres in der Nase haben. Vor diesem Vergnügen haben wir allerdings eine der wirklich langen Etappen des Traumpfades zu absolvieren. In den Orten am Weg gönnen wir uns kurze Kaffeepausen in den kleinen Bars und stillen unseren Hunger mit Panini und Tramezzini. Im Spätsommer säumen Feigenbäume mit reifen, süßen Früchten die Wege, und wenn man zur Zeit der Weinlese unterwegs ist, bekommt man manchmal von den Bauern Trauben zum Probieren angeboten. Com'è bella la vita!

Der Wegverlauf

In **Bocca Callalta** wenden wir uns nach dem Verlassen des Hotels nach rechts. Kurz vor der Piavebrücke biegen wir erneut rechts auf das Teersträßchen ab, das dort auf dem Piavedamm verläuft. Es führt uns bequem und ohne viel Autover-

27

> **Tipp** Diese Etappe ist durch ihre Länge sehr kräftezehrend, und Schatten sucht man meist vergebens. Ein früher Aufbruch ist daher durchaus empfehlenswert.

kehr an **Zensòn di Piave** vorbei bis nach Campolongo kurz vor Fossalta. Der Damm folgt hier einer großen Schleife des Piave. Es ist möglich, sich den damit verbundenen Umweg zu sparen, indem man auf die Fahrstraße wechselt und auf ihr die rund zwei Kilometer bis Fossalta zurücklegt. Möchte man aber die Straße meiden, so bleibt man oben auf dem Damm, der ab hier einen Kiesweg trägt. In diesem Fall

27

sind wir bis **Fossalta** etwa 2 1/2 Stunden unterwegs, auf der Straße brauchen wir 30 Minuten weniger. Gleiches gilt für den Piaveabschnitt zwischen Fossalta und Croce. Auch hier haben wir die Wahl zwischen einem Abkürzer auf der lauten Straße und einem gemütlicheren, aber längeren Weg auf dem Damm. Entscheidet man sich, vor oder in Fossalta den Piavedamm zu verlassen, so steigt man aber bei **Croce** in jedem Fall wieder hinauf.
Der Weg auf der Dammkrone wird jetzt schmal und ist stellenweise recht zugewachsen, bleibt aber dennoch gut begehbar. Kurz hinter Croce quert eine Eisenbahnlinie den Damm, aber ein von Einheimischen benutzter Trampelpfad direkt über die Gleise hilft uns über diese Barriere hinweg. Wer sich nicht traut, diesen Schleichweg zu benutzen, kann auch vom Damm heruntersteigen und auf einem Feldweg die nahe gelegene Unterführung erreichen. Immer oben auf dem Damm spazieren wir in 1 1/2 Stunden fast bis ins Stadtzentrum von **Musile**. Ab hier verläuft nun eine stark befahrene Straße entlang des Piave, den wir aber jetzt ohnehin nach Süden verlassen, um entlang des Alten Piave (auch als Sile bezeichnet) zur Lagune hinzuwandern. Wir nehmen also das Sträßchen Richtung **Caposile** und zweigen nach etwa vier Kilometern beim Dorf Castaldia links zum Alten Piave ab (Ausschilderung). Entlang des beschaulichen Flussufers können wir den letzten Kilometer nach Caposile in angenehmer Ruhe zurücklegen (von Musile 1 1/2 Std.). Hier sehen und riechen wir das erste Mal die Lagune und ahnen das Meer, was uns ungeahnte Kräfte und Motivation gibt.
Bei Caposile queren wir die Straße nach Venedig, benutzen eine Pontonbrücke über den Taglio di Sile und setzen unseren Weg auf der rechten Seite des alten Piave fort. Die Hauptverkehrsstraße mit ihrem Lärm liegt auf der anderen Flussseite. Fast immer in Sichtweite der oft stark verlandeten Wasserfläche und der Inseln der Lagune wandern wir in zwei Stunden direkt ins Zentrum von **Jesolo**. Nachdem wir die große Straßenbrücke unterquert haben, erreichen wir die linke Seite des alten Piave und das Stadtzentrum mit dem Hotel Udinese über eine zweite, kleinere Brücke (in der Belletti-Karte nicht eingezeichnet!). Im Gegensatz zu dem wenige Kilometer weiter Richtung Küste gelegenen Touristenort Lido di Jesolo hat sich der alte Ort noch einen Teil seiner Ursprünglichkeit bewahrt.

Von Jesolo nach Venedig

Strandpartie: Jesolo – Lido di Jesolo – Punta Sabbioni – Markusplatz

28

Tourencharakter: Leichte Wanderung über Nebenstraßen und Strand.
Ausgangspunkt: Jesolo.
Endpunkt: Markusplatz in Venedig.
Wanderkarte: Belletti V218 Litorale di Jesolo, 1:50 000 (Straßenverlauf im Bereich des Cavallino falsch); Carta d'Italia 128 (Venezia), 1:50 000.
Markierung: Keine.
Verkehrsanbindung: Bus in Jesolo und auf dem Cavallino; Schiffsverbindungen in Punta Sabbioni; Bahn, Bus und Flughafen in Venedig.
Einkehr: Zahlreiche Bars am ganzen Cavallino.
Unterkunft: Bungalows im Campingplatz Marina di Venezia, Via Montello 6, I-30010 Punta Sabbioni, Tel. 041/5 30 25 11; Campingplatz Union Lido, Via Fausta 258, I-30013 Cavallino, Tel. 041/96 80 80 oder 041/2 57 51 11.
Tourist-Info: Azienda Autonoma di Soggiorno e Turismo, S. Marco 2, I-30123 Venezia, Tel. 041/5 22 63 56, 5 29 87 30.

leicht
24 km
6 Std.
↑0 m
↓0 m

Der letzte Wandertag belohnt mit zwei einmaligen Erlebnissen manche Mühen unserer langen Wanderung: das Baden im warmen Meerwasser und die Ankunft per Schiff im Becken von San Marco.

Der Wegverlauf

Auf der Halbinsel Cavallino am Ostzipfel der Lagune führen wieder einmal mehrere Wege zum Ziel. Wer dem touristischen Trubel des alten Strandbadeortes Lido di Jesolo entgehen möchte,

Isola San Giorgo Maggiore

28

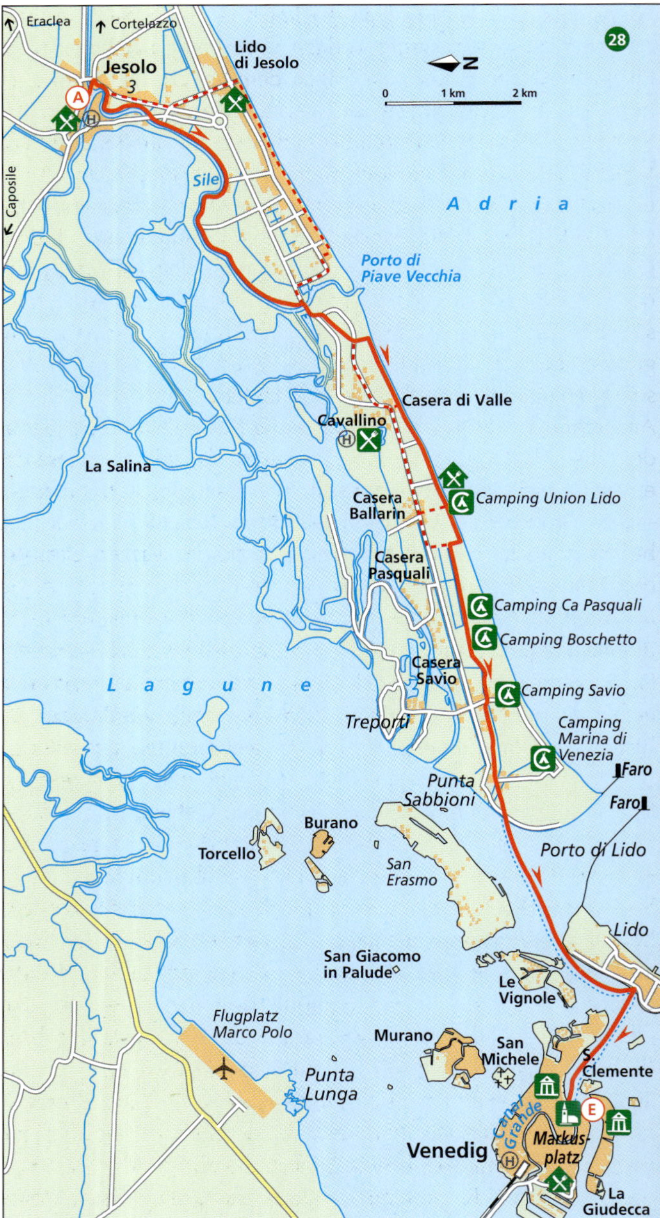
Eraclea
Cortelazzo
28
Jesolo
3
Lido di Jesolo
0
1 km
2 km
N
Caposile
Sile
A d r i a
Porto di Piave Vecchia
Casera di Valle
Cavallino
La Salina
Casera Ballarin
Camping Union Lido
Casera Pasquali
Camping Ca Pasquali
Camping Boschetto
Casera Savio
Camping Savio
L a g u n e
Treporti
Camping Marina di Venezia
Faro
Faro
Punta Sabbioni
Burano
Torcello
San Erasmo
Porto di Lido
Lido
San Giacomo in Palude
Le Vignole
Flugplatz Marco Polo
Murano
San Michele
S. Clemente
Punta Lunga
Canal Grande
Markusplatz
Venedig
La Giudecca

28

hält sich auf dem Uferweg an der linken Seite des Sile. Am östlichen Stadtrand von **Jesolo** verlässt unser Weg nach der ersten Flussschleife die Straße; wir folgen dem Verlauf des Sile auf einem Damm. Stellenweise fast weglos gelangen wir so in 2 1/2 Stunden bis zur Autobrücke über den Fluss, der am Porto di Piave Vecchia in die Adria mündet. Wer hingegen ungeduldig ist und ein Fußbad im Meer nicht mehr erwarten kann, marschiert direkt von Jesolo über die Via Roma Destra in 45 Minuten nach **Lido di Jesolo**. Durch das Ladenviertel erreichen wir schnell die Reihe der Hotels, die fast bis zum Porto di Piave Vecchia den Strand säumen. Die Strände am Lido sind samt und sonders privat und gehören den jeweiligen Hotels; es ist aber erlaubt, bis zum Wasser durchzugehen und dort weiterzulaufen.

Am Strand schlendern wir in Richtung des Leuchtturms, der an der Flussmündung steht, und erreichen nach fünf Kilometern den ersten Campingplatz. Dort muss man sich vom Meer trennen und – genau wie bei der Wegvariante entlang des Sile – auf der viel befahrenen Via Fausta die Autobrücke zum Cavallino überqueren. Wir verlassen die Via Fausta aber bereits wieder bei der nächsten Straße, die links abzweigt. Kurz darauf beginnt rechts die Via Artigliere, auf der wir schließlich eine Kreuzung mit fünf Straßen erreichen. Am schnellsten kommt man voran, wenn man auf der Straße bleibt. Die vergleichsweise ruhige Via Baracca, die hier nach rechts abzweigt, trifft nach zwei Kilometern wieder auf die Via Fausta, die aber glücklicherweise ab einer lang gestreckten Kurve beim Campingplatz Joker einen Gehweg hat. Anstrengender, aber ungleich schöner ist die Strandpartie. Dazu wählen wir an der Kreuzung halb links die Stichstraße zum Meer.

Von unserer Kraft hängt es ab, wie weit wir am Strand entlang gehen, denn so schön es ist, über den warmen Sand zu laufen, so anstrengend ist es auch. Nach zwei Kilometern besteht bei den Casera di Valle hinter den Campingplätzen Europa und Joker eine günstige Gelegenheit, wieder auf die Via Fausta mit ihrem Gehweg zu gelangen. Dort verlassen auch diejenigen den Strand, die im Hotel des Campingplatzes Union Lido übernachten möchten. Nach weiteren zwei Kilometern zweigt an einem öffentlichen Strand noch eine Stichstraße ab, die die Via Fausta beim Ort Casera Ballerin erreicht. Spätestens aber einen Kilometer hinter diesem Punkt empfiehlt es sich, den Strand in jedem

28

Fall zu verlassen, da man sonst einen großen Umweg in Kauf nimmt. Die Straße vor dem Campingplatz »Vela Blu«, die vom Meer wegführt, kreuzt bald die Via delle Batterie. Wir halten uns hier links und erreichen auf dieser ruhigen Nebenstraße die Bootsanlegestelle in **Punta Sabbioni**. Wanderer, die auf dem Gehweg entlang der Via Fausta marschiert sind, können an dessen Ende nach links abbiegen und erreichen so ebenfalls die Via delle Batterie.

Tipp

Für voluminöse Gepäckstücke muss auf dem Schiff nach Venedig extra bezahlt werden. Mit einem dicken Rucksack reicht also das Einzelticket nicht, es ist ein Doppelticket zu nehmen. Diese Regelung wird konsequent kontrolliert. Wer in Venedig umsteigen will, sollte am besten gleich ein Tagesticket für sich und eines für seinen Rucksack kaufen, denn im Gegensatz zu den Einheimischen, die mit ihren Tickets umsteigen dürfen, gilt der an Auswärtige verkaufte normale Fahrschein nur für eine direkte Fahrt. Dieses Tagesticket kann dann aber gleich für eine Besichtigungstour entlang des Canal Grande und zu einem Ausflug auf die Glasbläserinsel Murano genutzt werden.

Die Quartiersuche sollte sich danach richten, wie viel Zeit am Ziel noch bleibt. Stehen noch einige Tage zur Verfügung, sucht man sich am besten gleich ein Quartier auf dem Cavallino in der Nähe der Schiffsanlegestelle. Manche Campingplätze vermieten z. B. Bungalows in verschiedenen Größen mit Bad und Küche, die nicht teurer sind als ein Hotelzimmer in Venedig, aber viel bequemer. Ist man mit einer Gruppe unterwegs, kommt so die Übernachtung deutlich billiger. Leider gelten auch in der Nachsaison in der Regel Mindestmietdauern von mehreren Tagen. Auch preisgünstige kleine Pensionen finden sich hier. Ist nur noch eine einzige Übernachtung geplant, sollte man sich ungeachtet des Preisniveaus natürlich in der Serenissima selbst eine Unterkunft suchen.

Das Schiff fährt ab Punta Sabbioni alle halbe Stunde von sehr früh morgens bis spät abends in etwa einer Stunde nach Venedig. Die Anlegestelle ist ganz in der Nähe des Markusplatzes. Vermessen wäre es, hier zu versuchen, die Sehenswürdigkeiten Venedigs zu beschreiben. Alleine über den Markusplatz ließen sich Bücher füllen. Das Minimalprogramm für eine Besichtigung sollte ein Besuch des Markusplatzes mit dem Dogenpalast und der Basilika S. Marco sein. Viel Spaß macht der Besuch des Marktes von Rialto. Pflicht ist auch die herrliche Fahrt auf dem Canal Grande vom Markusplatz zum Bahnhof mit der Bootslinie 1. Die

Bootslinie 52 umrundet die Stadt und bringt uns hinaus auf die Lagune zur Glasbläserinsel Murano. Beide Linien legen am Markusplatz an derselben Stelle an wie das Schiff von Punta Sabbioni.

Verträumter Winkel zwischen Markusplatz und Rialto-Brücke

REISE-INFORMATIONEN

ADRESSEN

Unterkünfte am Weg, die nicht in den Tourenbeschreibungen aufgeführt sind:

München:
Hotel Stachus, Bayerstr. 7, D-80335 München, Tel. 089/59 28 81, Fax 5 50 38 33
Alpen-Hotel, Adolf-Kolping-Str. 14, D-80336 München, Tel. 089/55 93 30, Fax 55 93 31 00
Hotel Pension Beck, Thierschstr. 39, D-80538 München, Tel. 089/22 07 08, Fax. 089/22 09 25
DJH Jugendgästehaus München, Miesingstr. 4, D-81379 München, Tel. 089/7 23 65 60, Fax 7 24 25 67

Schäftlarn:
Klosterbräustüberl Schäftlarn, D-82069 Kloster Schäftlarn, Tel. 08178/36 94

Wolfratshausen:
Hotel garni Thalhammer, Sauerlacher Str. 47 d, D-82515 Wolfratshausen, Tel. 08171/42 19-0
Pension Rosengarten, Badstraße 27, D-82515 Wolfratshausen, Tel. 08171/7 60 34
Gasthof Grüner Baum, Äußere Münchner Straße 6, D-82515 Wolfratshausen, Tel. 08171/1 86 70
Gasthof Aujäger, Puppling, Isartal, D-82544 Egling, Tel. 08171/7 85 56
Landgasthof-Hotel Neuwirt, D-82515 Gelting, Tel. 08171/42 52-0, Fax 08171/4 25 21-52

Arzbach:
Café und Pension Schusterpeter, Kalkofenstr. 31, D-83646 Arzbach, Tel. 08042/914 99-0, Do+Fr Ruhetag

Lenggries:
Brauneck Gipfelhaus, Tel. 08042/87 86

Jachenau:
Gasthaus Josef Bauer, D-83676 Jachenau (Ortsteil Bäcker), Tel. 08043/211 oder 212
Gasthaus Zur Post, Dorfplatz 7 1/3, D-83676 Jachenau, Tel. 08043/363
Gasthaus Zur Jachenau, Jachenau Dorf 8 1/2 D-83676 Jachenau, Tel. 08043/910-0, Fax 910-10

Rißtal:
Café-Pension Klösterle, A-6221 Hinterriß, Tel. 05245/209
Gasthof Alpenhof, Ernst Derfeser, A-6215 Hinterriß, Tel. 05245/2070
Gasthof zur Post, A-6215 Hinterriß, Tel. und Fax 05245/206

Halltal (Abstieg vom Karwendel):
Herrenhäuser, Telefon 05223/4 25 17
Gasthaus St. Magdalena, Halltal 23, A-6060 Absam, Tel. 0663/85 58 6

Tulfes:
Pension Alpenblick, Stiegele 12, A-6075 Tulfes, Tel. 05223/7 82 90

Tuxer Gletscher:
Spannagelhaus, Tel. 05287/8 77 07

Niedervintl:
Ferienhof Landmann, Haslach 3, I-39030 Niedervintl, Tel. 0472/86 93 83

Lüsen:
Hotel Rosental, Fam. Alois Hinteregger, I-39040 Lüsen, Tel. 0472/41 37 85, Fax 41 33 91
Hotel Bergschlössl, Fam. Ulrike und Erich Hinteregger, I-39040 Lüsen, Tel. und Fax 0472/41 39 33

Lüsener Alm:
Turnaretsch-Hütte, Tel. 0474/50 14 26
Maurer Berghütte, Tel. 0462/60 22 72
Würzjochhaus, Albergo Alpino, Tel. 0474/52 00 66

Grödnerjoch:
Hotel Cir, Grödner Joch,
I-39033 Corvara, Tel. 0471/79 51 27
Pisciadùhütte, Tel. 0471/83 62 92

Pordoijoch und Fedaia:
Albergo Col di Lana,
Tel. 0462/60 12 77
Albergo Casa Alpina, Tel. 0462/60 12 79
Albergo Pordoi, Tel. 0462/60 11 15
Rifugio Fredarola (am Beginn des Bindelweges, 2370 m),
Tel. 0462/60 20 72

Masarè und Alleghe:
Pension La Montanara, I-32020 Sottoguda-Marmolada, Tel. 0437/72 20 17, Fax 72 22 42
Hotel Savoia, I-32022 Masarè di Alleghe, Tel. 0437/52 33 23 und
Hotel Adriana, I-32022 Masarè di Alleghe, Tel. 0437/52 33 55
Hotel Garni Alleghe, Corso Italia 21, I-32022 Alleghe, Tel. 0437/52 33 97 und 52 35 27
Hotel Dolomiti, Corso Italia 86, I-32022 Alleghe, Tel. und Fax 0437/52 33 36
Albergo Alpenrose, Via Coldai 85, I-32022 Alleghe, Tel. 0437/72 39 29, Fax 0437/72 36 47

Civetta:
Coldaihütte, CAI-Sektion Venedig,
Tel. 0437/78 91 60
Rifugio Vazzoler, Tel. 0437/66 00 08

Belluno:
Gasthof Taverna, Via Cipro 7,
I-32100 Belluno, Tel. 0437/2 51 92
Albergo Cappello e Cadore,
Via Ricci 8, Tel. 0437/94 02 46
Albergo Mirella, Via Don Minzoni 6,
I-32100 Belluno, Tel. 0437/94 20 39 oder 94 18 60

Revine:
Pizzeria Mira Lago, Via S. Maria 12,
I-31020 Revine (Lago),
Tel. 0438/56 20 09

Tovena:
Bed and Breakfast Il Giardino Segreto, Piazza della Vittoria 22,
I-31020 Tovena, Tel. 0438/8 59 53

Conegliano:
Hotel Canon d'Oro, Via 20 Settembre 129, I-31015 Conegliano, Tel. und Fax 04 38/3 42 46

Zenson di Piave:
Trattoria al Cacciatore da Adele, Via G. Badini 26 (Ortsmitte),
Tel. 0421/34 41 78 (Mittwoch geschlossen)

Ponte di Piave:
Gasthof Belvedere, I-31047 Ponte di Piave, Tel. 0422/85 71 59,
Fax 75 91 06

Caposile:
Bed and Breakfast La Erba Matta, Via Salsi 6, I-30024 Caposile – Musile di Piava, Tel. 0421/230397 oder 0380/51 16 10 06

Lido di Jesolo:
Hotel dei Dogi, Piazza Brescia 15,
I-30016 Jesolo-Lido, Tel. 0421/9 24 23

Cavallino:
Pension Fortuna, Ca di Valle, Via Fausta 313, I-30013 Cavallino, Tel. und Fax 041/96 80 35 (zwischen den Campingplätzen Europa und Union)

Venedig:
Hotel Dalla Mora, S. Croce,
Salizzia S. Pantalon 42,
I-30135 Venezia, Tel. 041/71 07 03,
Fax 041/72 30 06
Hotel Alex, Frari S. Polo 2606,
I-30125 Venezia, Tel. und
Fax 041/5 23 13 41
Domus Civica (Jugendherberge),
S. Polo 3082, I-30125 Venezia,
Tel. 041/72 11 03, Fax 041/5 22 71 39

ALPINE AUSKUNFT

Alpine Auskunftsstellen:
Deutscher Alpenverein:
Tel. 089/29 49 40
Österreichischer Alpenverein:
Tel. 0512/58 78 28
Alpenverein Südtirol:
Tel. 0471/99 38 09

Alpenvereinswetterdienst (gebührenpflichtig!):
Alpenwetter/Deutschland:
Tel. 0190/11 60 11
Alpenwetter/Österreich:
Tel. 0450/199/00 00 11

NOTRUFNUMMERN

Allgemeine europäische Notrufnummer: 112
Notrufnummern in Deutschland: 19222 (Bergrettung Bayern)
Notrufnummern in Österreich: 140
(Bergrettung), 144 (Rettung und Notarzthubschrauber)
Notrufnummern in Italien: 118 (Bergrettung »Soccorso in Montagna«), 115 (Rettungsflugwacht Trento-Mattarello), 1118 (Bergrettung Südtirol)

ALPINES NOTSIGNAL

Um im Gebirge Hilfe herbeizurufen, wurde international das alpine Notsignal eingeführt. Innerhalb einer Minute wird sechsmal ein deutlich sichtbares oder hörbares Zeichen gegeben (Taschenlampe, Trillerpfeife, Rufen). Dieses Signal wird nach jeweils einer Minute Pause wiederholt bis Antwort erfolgt. Die Rettungsmannschaften antworten mit dreimaliger Zeichengebung pro Minute.

Am Malerwinkel an der Isar

ANREISE

Zur Anreise nach München empfiehlt sich für Venedigwanderer das Flugzeug oder die Bahn. Vom Hauptbahnhof aus erreicht man den Marienplatz nach einer halben Stunde Spaziergang durch die Innenstadt oder mit der S-Bahn (alle Linien Richtung Ostbahnhof). Vom Flughafen München fährt man in etwa 45 Minuten mit den S-Bahnlinien S1 oder S8 zum Marienplatz.

AUSLANDSVERTRETUNGEN IN VENEDIG

Deutsches Konsulat: Castello 2000, Tel. 041/5 23 76 75
Österreichisches Konsulat: Palazzo Condulmer 251,
Tel. 041/5 24 05 56
Schweizer Konsulat: Dorsoduro 810, Tel. 041/5 22 59 96 oder
5 20 39 44

FESTE

Der Festkalender von Venedig umfasst im Sommer/Herbst folgende Ereignisse:

Festa del Redentore: Dieses Fest am dritten Juliwochenende hat seinen Ursprung in einem Pestgelübde von 1576. Die Redentore-Kirche auf der Giudecca wird mit den gegenüberliegenden Zattere durch eine Pontonbrücke verbunden. Samstagabend kommen die Einheimischen in mit Girlanden und Lampions geschmückten Booten zum Giudecca-Uferstreifen, um dort zu essen und zu trinken. Das Fest wird mit einem Feuerwerk abgeschlossen.
15. August (Ferragosto): In ganz Italien wird an diesem Tag das Urlaubsende gefeiert. In Venedig findet ein Feuerwerk auf dem Lido statt.
Regata Storica (Historische Regatta): Dieses Spektakel wird am ersten Septemberwochenende abgehalten. Prachtvolle historische Bootstypen mit traditionell gewandeter Besatzung kreuzen auf dem Canal Grande. Wichtigstes Ereignis ist die Regatta der verschiedenen Bootsklassen.
Regata di Murano: Diese Regatta steigt eine Woche nach der »Storica« auf der Glasbläserinsel Murano.
Regata di Sant'Erasmo: Das Wasserfest am ersten Oktobersonntag bildet den Abschluss der Rudersaison. Auf der Gemüseinsel Sant'Erasmo werden bei dieser Gelegenheit lokale Erzeugnisse angeboten.

GESUNDHEITSTIPPS

Die Tagesetappen des Traumpfads dauern im Schnitt sieben Stunden und sind oft schattenlos. Bei schönem Wetter, das wir jedem Venediggeher wünschen, ist ein ausreichender Sonnenschutz dringend erforderlich. Ein Hut, eine Sonnenbrille und Sonnencreme mit mindestens Lichtschutzfaktor 15 sind unverzichtbare Ausrüstungsbestandteile. Auch an Schutz für die Lippen sollte gedacht werden. Liposomale Sonnenschutzcremes, wie sie zum Beispiel in der Apotheke erhältlich sind, sind wasserfest und haften auch bei starkem Schwitzen und beim Baden.
Bei heißem Wetter sollte der Flüssigkeitsverlust durch Schwitzen nicht unterschätzt werden. Es ist ratsam, bei jeder sich bietenden Gelegenheit die Trinkflasche aufzufüllen, auch wenn sie noch nicht ganz leer ist.

EINKEHR

»Bars« sind in Italien kleine Cafés, in denen Getränke und Snacks angeboten werden. Sie eignen sich bestens für eine kurze Rast auf dem Weg. Eine »Trattoria« oder »Osteria« ist meistens (aber nicht immer) ein einfacheres Restaurant. Ein »Ristorante« ist normalerweise etwas teurer.
Generell wird in Italien das Abendessen später serviert als in Deutschland. Frühestens ab 19 Uhr wird in den Berghütten ge-

gessen, in der Ebene oft erst um 20 Uhr. In Hütten und kleinen Gasthäusern im Gebirge ist ein gemeinsames Abendessen zu einem festen Zeitpunkt üblich. Man meldet sich nach der Ankunft beim Wirt am besten gleich zum Abendessen (»cena«) an. Eine ausführliche Speisekarte sucht man hier oft vergebens, es wird meistens nur ein Menü angeboten, das zur Überraschung deutscher Wanderer nicht selten aus drei oder mehr Gängen besteht. Es ist also durchaus empfehlenswert, sich auf das Menü einzulassen und nicht nach der Speisekarte zu fragen. Generell ist die Qualität der Bewirtung in den Hütte des CAI trotz der schwierigen Bedingungen durch große Höhen und einfache Ausstattung hervorragend.

In der Carestiato-Hütte

In Restaurants ist es unüblich, dass sich jeder Gast eine eigene Rechnung ausstellen lässt, wenn man in einer Gruppe gemeinsam gegessen hat. Häufig werden zum Preis der Speisen ein bis zwei Euro für das Gedeck (»coperto«) berechnet. Bedienungsgeld ist im Preis inklusive, Trinkgeld wird etwa in gleicher Höhe wie in Deutschland oder Österreich gegeben.

Bei Einkehr, Nächtigung und anderen Dienstleistungen muss eine Rechnung (»ricevuta fiscale«) ausgestellt werden. Diese ist vom Gast nach Verlassen des Lokals aufzubewahren. Die Finanzwache kontrolliert dies gelegentlich.

KARTENMATERIAL

Die Karten in diesem Reiseführer sind als Anhaltspunkt zur Wegfindung gedacht, sie können aber keine Wanderkarte ersetzen. Für Notfälle wie zum Beispiel einen ungeplanten Abstieg nach einem Wettersturz sollte man im Hochgebirge stets eine Karte mindestens im Maßstab 1:50 000 mit sich führen.

Folgenden Kartensatz sollte der Komplettbegeher als Minimalausstattung einpacken:

Kompasswanderkarte 182 Isarwinkel, 1:50 000 (Bad Tölz bis Rißtal)
Kompasswanderkarte 26 Karwendelgebirge, 1:50 000 (Rißtal bis Hall oder Wattens)
Kompasswanderkarte 37 Zillertaler und Tuxer Alpen, 1:50 000 (Wattental bis Grindler See)
Kompasswanderkarte 56 Brixen/Bressanone, 1:50 000 (Vintl bis Schlüterhütte

Kompasswanderkarte 615 Brixen/Bressanone, 1:25 000 (Überschreitung Lüsener Alm)
Kompasswanderkarte 55 Cortina d'Ampezzo, 1:50 000 (Schlüterhütte bis Alleghe)
Kompasswanderkarte 77 Alpi Bellunesi, 1:50 000 (Alleghe bis Belluno und Nevegal)

Diese Karten wiegen weniger als 400 Gramm und decken den größten Teil der Hochgebirgsetappen ab. Eine Lücke besteht beim Abstieg ins Pfunderer Tal. Die Kompasskarte 37 endet am Grindler See. Eine gute Karte für dieses Gebiet ist: Tabacco 11 Sterzing/Wipptal, 1:50 000. Ebenfalls nicht abgedeckt ist der Aufstieg von Wattens. Hier empfehlen wir die Alpenvereinskarte 31/5, Innsbruck und Umgebung, 1:50 000.

Es lohnt sich nicht, diese beiden Karten wegen jeweils nur einer Teiletappe mitzunehmen. Eine Farbkopie des Tourengebiets spart Gewicht.

Die hier angegebenen Kompasskarten bieten eine gute Abdeckung bei noch akzeptabler Qualität. Auf Kartenfehler weisen wir im Text der Routen hin. Die Karten des italienischen Tabacco-Verlags sind topografisch wesentlich genauer als die Kompasskarten und haben ein angenehmeres Kartenbild. Leider sind sie in Deutschland nicht überall erhältlich (in München zum Beispiel bei Geobuch und Sport Scheck). Die Blätter Tabacco 4 und Tabacco 9 im Maßstab 1:50 000 ersetzen die Kompasskarten 55, 56 und 77.

Südlich des Nevegal ist die Auswahl der Karten problematisch. Die im Text angegebenen Belletti-Karten sind in Italien in Kiosken und Buchhandlungen häufig zu finden und mittlerweile auch in Deutschland erhältlich. Die Qualität ist im Grunde inakzeptabel. Selbst Straßenverläufe von Hauptverkehrsstraßen sind gelegentlich falsch eingezeichnet. Es muss davor gewarnt werden, mit diesen Karten eigene Wege zu suchen; sie können bestenfalls eine Übersicht verschaffen. Leider gibt es keine allgemein verfügbaren Alternativen. Die Karten aus der Serie Carta d'Italia des Istituto Geografico Militare, oft auch als »Militärkarten« bezeichnet, werden selbst von Fachhändlern wie Geobuch in München nicht mehr geführt. Als Grund werden die veralteten Kartenstände (älter als 15 Jahre) und der hohe Preis angegeben.

Aus Gewichtsgründen ist es nicht sinnvoll, die Belletti-Karten schon in Deutschland zu beschaffen und mitzunehmen. Stattdessen sollte man sie in Belluno oder Priùla am Kiosk oder beim Buchhändler kaufen. Nicht mehr gebrauchte Karten schickt man von den Talorten nach Hause zurück. Dazu sollte man sich einige Briefumschläge einpacken.

RÜCKREISE

Zur Rückreise nach München ist der Nachtzug mit Liegewagen und Schlafwagen empfehlenswert; die Fahrzeit beträgt etwa acht Stunden. Vom Markusplatz erreicht man den Bahnhof, der im Nordwesten der Stadt liegt, am besten mit der Bootslinie 1 durch den Canal Grande. Zu Fuß kommt man dorthin, indem man der Beschilderung Richtung Rialto folgt und sich von dort auf der rechten Seite des Canal Grande (Schild »Stazione«) von den Touristenströmen treiben lässt.

Südlich des Bahnhofs liegt die Piazzale Roma (Bootslinie 1 von San Marco). Sie ist der einzige Ort, an dem in Venedig Autoverkehr erlaubt ist. Von hier fahren die Busse nach Mestre und zum Flughafen ab. Die Busfahrt zum Flughafen kostet etwa einen Euro, man muss jedoch wie im Schiff für Gepäckstücke eine extra Fahrkarte kaufen. Diese Regel wird streng kontrolliert (siehe Etappe 28).

Air Dolomiti in Partnerschaft mit Lufthansa fliegt mehrmals täglich direkt von Venedig nach München. Die Flugzeit beträgt etwas mehr als eine Stunde. Bei schönem Wetter kann man noch einmal große Teile des Wegs aus der Luft bestaunen, wenn man einen Fensterplatz gebucht hat. Der Flugpreis beläuft sich auf etwa 330 Euro (Stand 2003). Auch Direktflüge in andere deutsche Großstädte werden angeboten.

SPRACHE

Ab dem Pordoijoch (Etappe 18) wird Deutsch nicht mehr überall gesprochen; mit Englisch kommt man nur stellenweise weiter. Italienische Sprachkenntnisse sind also nützlich. Selbst wenn man nur ein paar Worte radebrechen kann, sollte man sich nicht scheuen, diese an den Mann oder an die Frau zu bringen, denn die Italiener sind sehr hilfsbereit und auch erfreut, wenn man sich in ihrer Sprache versucht. Als Sprachführer ist das Büchlein »Italienisch Wort für Wort«, Band 22 aus der Reihe »Kauderwelsch« des Verlags Reise Know How, empfehlenswert.

TABACCHI UND TRAFIKEN

Briefmarken (»francobollo«) kann man in Italien außer in Postämtern nur in den Tabacchi-Läden kaufen. Man erkennt sie an einem schwarzen Schild mit weißem T. Dort sind auch Telefonkarten (»scheda telefonica«) und Busfahrkarten (»biglietto di autobus«) erhältlich. Eine ähnliche Funktion haben die Trafiken in Österreich.

VERKEHRSVERBINDUNGEN

Wer wegen schlechtem Wetter oder Zeitmangel die Wanderung unterbrechen will, ist auf entsprechende Verkehrsverbindungen angewiesen. Wir geben hier nur die wichtigsten Verbindungen und Rückfahrmöglichkeiten an.
Gute Zugverbindungen nach München existieren vom Inntal (Fahrzeit 2 Std.), von Vintl (ca. 4 Std. über Franzensfeste) und von Brixen (4 Std.). Vom südlichen Alpenrand sind etwa zehn Stunden Bahnfahrzeit zu veranschlagen. Verbindungen gibt es von bzw. nach Belluno (über Padua oder Trient), Priùla (der Bahnhof liegt direkt im Ort hinter dem Hotel, heißt aber offiziell Susegana), Conegliano und Vittorio Veneto (bei Revine). Einzelheiten können auf der Webseite www.bahn.de abgerufen werden.
Die Fahrzeit von Stein im Pfitschtal mit dem Bus nach Sterzing beträgt 40 Minuten. Nur viermal am Tag fährt der Bus diese Strecke. Von Sterzing aus ist es möglich, mit dem Zug in etwa drei bis vier Stunden nach München zu fahren (Hauptstrecke über den Brenner und Innsbruck). Informationen über die Buslinien in Südtirol finden sich unter www.sii.bz.it. Etwa 1 1/2 Stunden beträgt die Fahrzeit mit dem Bus von Alleghe nach Belluno. Aktuelle Fahrpläne für die Buslinien in den südlichen Dolomiten können von der Webseite www.dolomitibus.de (nur in Italienisch) heruntergeladen werden.

VORWAHLNUMMERN

Die internationalen Vorwahlnummern lauten 0049 (Deutschland), 0043 (Österreich) und 0039 (Italien). Die Null vor der Ortskennzahl wird bei Anrufen nach Deutschland und Österreich weggelassen, bei Anrufen nach Italien muss die Null vor der Ortskennzahl mitgewählt werden, bei Handynummern aber nicht.

Le Strada
7:55f
8:19F
8:40f
9:40f
10:50f
12:47f
14:35Ff
15:20f
16:25f
17:25f
17:50Ff
18:50Ff

REGISTER

Alleghe-See mit Col di Lana